# Sommaire

Retrouvez-nous sur
www . je reussis . be

**www . je reussis . be :**

- des conseils aux parents
- des exercices supplémentaires
- des histoires à raconter
- de l'Histoire à lire
- des jeux intelligents


Avenue Paul de Lorraine, 5 - 1410 - Waterloo B
Dépot légal : D/2009/9685/02 - ISBN : 978-2-87466-051-1 - EAN : 9782874660511
Imprimé en Belgique.

Sous la direction d'A.J. Le Clercq.

# Grammaire : Les natures
# Les déterminants

Les déterminants peuvent être des articles - définis (le, la, les) - indéfinis (un, une, des, quelques, aucune, chaque) - possessifs (mon, ma, mes, etc.) - numéraux (un, deux, trois, etc.) - interrogatifs ou exclamatifs (quel, quelle, etc.) - démonstratifs (ce, cette, ces, etc.).
Les déterminants prennent le genre et le nombre du nom qu'ils accompagnent.

**1** **Souligne tous les déterminants du texte.**

Je porte mes regards vers la rivière et je distingue trois hommes dans une chaloupe qui aborde près du moulin. Je fais aussitôt le signe de la croix et je récite toutes les prières que ma pauvre défunte grand'mère m'avait enseignées dans ma tendre jeunesse; car le doute n'était plus possible: c'étaient certainement les habitants de ce moulin, c'est-à-dire le diable et ses diablotins.

D'après C.-E. Rouleau, « Le moulin du diable », dans *Légendes canadiennes* (1901); cité par Charlotte Guérette, *Que le diable l'emporte*, coll. « Atout », Hurtubise HMH, 1997.

## 2 Complète le tableau des déterminants.

| | Dét. démonstratif | Dét. possessif | Dét. numéral | Dét. indéfini | Dét. interrogatif | Dét. exclamatif |
|---|---|---|---|---|---|---|
| mes | | | | | | |
| cet | | | | | | |
| quel ! | | | | | | |
| votre | | | | | | |
| six | | | | | | |
| tes | | | | | | |
| quelles ? | | | | | | |
| chaque | | | | | | |
| ces | | | | | | |
| sa | | | | | | |
| tout | | | | | | |
| deux | | | | | | |
| quelque | | | | | | |
| cette | | | | | | |
| nos | | | | | | |
| leur | | | | | | |
| quelles ! | | | | | | |
| cent | | | | | | |
| notre | | | | | | |
| quel ? | | | | | | |
| certaine | | | | | | |

**3** **Transforme chaque déterminant numéral cardinal en déterminant numéral ordinal.**

- **a** deux → ____________
- **b** quatre → ____________
- **c** neuf → ____________
- **d** dix-huit → ____________
- **e** vingt → ____________
- **f** quatre-vingts → ____________

**4** **Souligne les déterminants indéfinis.**

- **a** Il a remporté son match en quelques minutes.
- **b** Tous les enfants sont partis confiants.
- **c** Nous retournons chaque année au même endroit.
- **d** Plusieurs élèves sont arrivés en retard ce matin.
- **e** Beaucoup de personnes sont tombées malades en même temps.

**5** **Relève l'intrus de chaque série de déterminants.**

- **a** cette – votre – nos – sa – leurs
- **b** huit – treize – quatre – plusieurs – vingt-trois
- **c** certain – tout – mille – aucun – chaque
- **d** troisième – cinquième – dernier – premier – septième
- **e** quel – quelle – lequel – quelles - quels

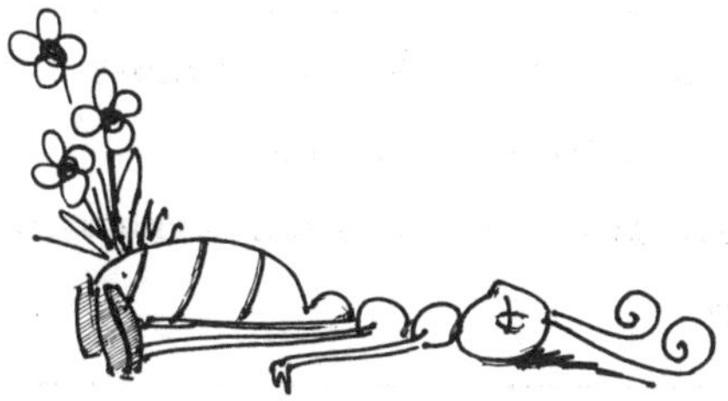

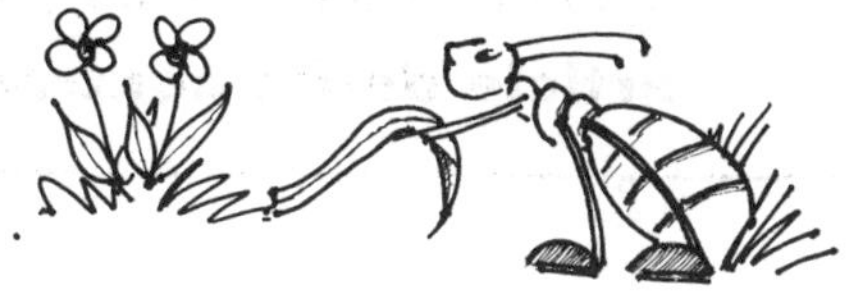

| | | | | | |
|---|---|---|---|---|---|
| Dét. Articles | définis (précis) | simples | Je regarde | le | chien |
| | | | | la | fille |
| | | | | les | pommes |
| | | élidés | | l' | écureuil |
| | | contractés | Je parle | au(x) | (à le(s)) chien(s) |
| | | | | du | (de le) chien |
| | | | | des | (de les) roses |
| | | | Le parfum | du | (de le) muguet |
| | indéfinis (choix possible) | simples | Je vois | un | oiseau |
| | | | | une | hirondelle |
| | | | | des | oiseaux |
| | | | | de | jolis chats |
| | | élidés | Je vois | d' (des) | agréables... |
| | partitifs (une partie) | | Je prends | du (de le) | beurre |
| | | | | de la | sauce |
| | | | | de l' | énergie |

**6** **Indique si « des » est un dét. article indéfini ou un dét. défini contracté.**

a) **Des** hirondelles construisent leur nid sous **des** corniches.

_______________ _______________

b) Les branches **des** arbres sont secouées par le vent.

_______________

c) Le vacarme **des** vagues montait jusqu'à la maison.

_______________

d) Certaines femelles pondent leurs oeufs sur les feuilles **des** orties.

_______________

> **Des**, quand il signifie « **plusieurs** » est un **déterminant article indéfini** (on peut le remplacer par «les»)
> quand il signifie « **de plusieurs** » est **un déterminant article défini contracté**

## 7 Indique la nature des déterminants écrits en gras

a Il ajoute **du** sel sur tous **les** aliments.

___________ ___________

b Mangez **des** abricots pour avoir **une** peau de pêche !

___________ ___________

c Elle emploie toujours **de l'**huile **d'**olive.

___________ ___________

d Je voudrais **de la** sauce sur ma viande.

___________

e Seul **le** beurre a **la** saveur **du** beurre.

___________ ___________ ___________

f Je parle **du** chien de **la** voisine.

___________ ___________

## 8 Indique si les mots écrits en gras sont des pronoms personnels ou des déterminants articles définis.

a Vicki étudie **la** leçon d'histoire ; elle **la** récitera à haute voix.

___________ ___________

b **Les** enfants aiment les chiens mais ils **les** taquinent souvent.

___________ ___________

c Le maître distribue **les** travaux ; il **les** reprendra ce soir.

___________ ___________

d Luc joue dans **la** cour ; son ami **l'**appelle.

___________ ___________

e **L'**avion atterrit, on **le** suit du regard.

___________ ___________

# Les pronoms

**1** **Déchiffre le rébus et écris la règle.**

________________________________________

________________________________________

________________________________________

**2** **Relie chaque liste de pronoms à sa catégorie.**

| | | | |
|---|---|---|---|
| je, me, tu, te, elle, la, lui | • | • | pronoms relatifs |
| le mien, les siennes | • | • | pronoms personnels |
| celui, celui-là, celle-ci | • | • | pronoms démonstratifs |
| qui, que, dont, auquel | • | • | pronoms indéfinis |
| aucun, certain, chacun | • | • | pronoms possessifs |

# Les pronoms personnels

| Personnes | Pronoms sujets | Pronoms compléments |
|---|---|---|
| 1er p.s.<br>2e p.s.<br>3e p.s. | Je<br>Tu<br>Il, elle, on | me (m'), moi<br>te (t'), toi<br>le (l'), la(l'), lui, en, y |
| 1er p.p.<br>2e p.p.<br>3e p.p. | Nous<br>Vous<br>Ils, elles | nous<br>vous<br>se(s'), soi, elles,<br>les, eux, leur, en, y |

**1 Souligne les pronoms personnels dans les phrases.**

a Les oiseaux rendent des services à la culture. Ils mangent les insectes.

b Ma soeur et moi, nous aimons les ballades à vélo.

c Cette question, je te la poserai plus tard.

d Leur as-tu rendu leurs chaussures ?

e Ils ont pris leur chien avec eux ; les vois-tu ?

**2 Recopie les phrases en prominalisant les groupes nominaux soulignés.**

a Elle a trouvé <u>les cahiers</u>. → ____________________

b Luc termine <u>son devoir</u>. → ____________________

c Ne prends pas <u>le cahier</u> ! → ____________________

d Lance <u>la balle</u> ! → ____________________

e Prendras-tu <u>le car</u> à quatre heures ? → ____________________

f Elle raconte <u>un conte</u> <u>aux enfants</u>. → ____________________

g Nos amis nous ont offert <u>ces pralines</u>. → ____________________

## 3 Souligne les pronoms personnels puis écris leur fonction.

Elle me le dira. ______________________

On lui en a parlé. ______________________

Y avez-vous pensé ? ______________________

Vous me les rendrez. ______________________

Elle vous en parlera. ______________________

Viens-tu avec moi ? ______________________

Ne les leur avez-vous pas donné hier soir ?

______________________________________________

## 4 Remplace les groupes nominaux soulignés par les pronoms y ou en.

a) Elle parle de son voyage. → ______________________

b) Elle pense à ses amis → ______________________

c) Hier, il a parlé de son frère. → ______________________

d) Je vais à Paris ce samedi. → ______________________

e) Je penserai à ce problème tout à l'heure. → ______________________

______________________________________________

## 5 Rédige une courte invitation adressée à tes amis pour ton anniversaire. Glisses-y les pronoms personnels « je, moi, m', nous, vous ».

______________________________________________

______________________________________________

______________________________________________

______________________________________________

# Les pronoms possessifs

**1** **Complète le tableau des pronoms possessifs.**

| | | Un objet possédé | | Plusieurs objets possédés | |
|---|---|---|---|---|---|
| | | masculin | féminin | masculin | féminin |
| POSSESSEURS | 1ère pers. sing. | ________ | ________ | ________ | ________ |
| | 2ème pers. sing. | ________ | ________ | ________ | ________ |
| | 3ème pers. sing. | ________ | ________ | ________ | ________ |
| | 1ère pers. plur. | ________ | ________ | ________ | ________ |
| | 2ème pers. plur. | ________ | ________ | ________ | ________ |
| | 3ème pers. plur. | ________ | ________ | ________ | ________ |

**2** **Souligne les pronoms possessifs et relie-les aux centres des groupes du nom qu'ils remplacent.**

a. Ton sac est en toile tandis que le mien est en cuir.

b. Notre rue semble bruyante par rapport à la vôtre.

c. Voici votre part, il faudra leur rendre la leur.

d. J'écoute ses explications, elles sont plus claires que les tiennes.

e. Leur chien est très gentil, le nôtre ne se laisse pas caresser.

## 3 Remplace les (...) par des pronoms possessifs.

**a** Voici plus de trois heures que nous attendons nos valises. ______________ arrivent, ______________ vont suivre.

**b** Il voit plus vite les défauts des autres que ______________ .

**c** Il a oublié ses gants ; prête-lui ______________ .

**d** Nos lilas sont en fleur longtemps avant ______________ .

**e** Mon perroquet a perdu ses plumes alors que ___________ a gardé ___________

## 4 Elimine les répétitions à l'aide de pronoms possessifs.

**a** Termine tes leçons, nous avons déjà achevé nos leçons.

______________________________________________

**b** Prends nos pulls ; ils sont rangés dans l'armoire. Mon pull est bleu tandis que ton pull est vert. Ne les confonds pas avec leurs pulls.

______________________________________________

______________________________________________

## 5 Pronominalise au maximum.

**a** Le voisin donne toujours mes tartines aux oiseaux.

______________________________________________

**b** Les instituteurs réconfortent votre petit frère dans la classe.

______________________________________________

# Les pronoms démonstratifs

**1** **Complète le tableau des pronoms démonstratifs.**

| Masculin | Féminin | Formes invariables |
|---|---|---|
| celui | ............ | ce |
| ............ | celles | ............ |
| celui-là | ............ | ............ |
| ............ | celle-ci | ça |
| ............ | celles-ci | |
| ceux-là | ............ | c' |

**2** **Souligne les pronoms possessifs et encercle les pronoms démonstratifs des phrases suivantes.**

a) Même si ces croquis n'étaient pas les miens, je me réjouissais à l'idée que les créations seraient les nôtres.

b) Cette exposition me plaît davantage que celle de l'année dernière.

c) Je parlais à ceux qui ne m'écoutaient pas et cela m'attrista.

d) Ces fleurs sont magnifiques, mais celle-ci n'est pas la vôtre.

e) J'ai pesté fort contre ces lunettes avant de comprendre que c'étaient les tiennes.

f) Celui qui boira mon chocolat me donnera le sien.

# Les pronoms indéfinis

**Le pronom indéfini** remplace un élément de la phrase

- soit en restant assez vague en ce qui concerne le nombre : « certain, autrui, quelqu'un... »
- soit en indiquant un nombre nul : « aucun, personne, rien, ... »

Il peut parfois s'écrire en plusieurs mots : « quelqu'un, ni l'un ni l'autre, tout le monde, ... »

**1 Dans les phrases suivantes, souligne les pronoms indéfinis.**

a Dans le potager, les salades germent mais peu sont à maturité.

b Quelques enfants jouent dans le jardin, les uns sur la balançoire, les autres au ballon.

c Chaque jour qui passe nous rapproche du printemps, personne ne s'en plaindra.

d Parmi mes élèves, certains sont absents.

e Il faut réfléchir à tout !

f N'importe qui vous dira qu'il avait raison.

**2** **Complète les phrases avec un pronom indéfini.**

a) ______________________ est venu chez moi.

b) ______________________ sont arrivés tôt.

c) ______________________ n'est parti ?

d) Il se passe ______________________ d'étrange.

e) Il ne fait pas ______________________ .

f) ______________________ n'oserait prendre la parole.

# Le pronom impersonnel

« **IL** » ne remplace rien ; c'est un **pronom impersonnel.**

# Les pronoms interrogatifs

« qui, que, lequel ... » • remplacent des noms, des pronoms, des propositions
• servent à poser des questions

→ ce sont des **pronoms interrogatifs**.

Le pronom interrogatif **remplace la réponse à la question**.

**1** **Pose des questions en te servant des réponses données. Utilise les pronoms interrogatifs.**

______________________________ ? Cléopâtre.

______________________________ ? A mon frère Marc.

______________________________ ? Non, nous ne l'avons pas cru.

______________________________ ? Une pizza et une limonade.

______________________________ ? C'est nous, n'ayez pas peur.

______________________________ ? Je n'y pense pas !

# Les pronoms relatifs

Le **pronom relatif :**

a) permet d'éviter les répétitions
b) remplace un élément de la phrase : **l'antécédent**
c) est un **mot-lien** qui introduit **toujours une proposition complément du nom et la relie à l'antécédent**.

## Tableau des pronoms relatifs.

### a) Les formes simples

« qui, que, (quoi), dont, où » parfois accompagnées d'une préposition: « à, de, sur... »

### b) Les formes composées

**1** Complète le tableau.

| Masc. sing. | Masc. plur. | Fém. Sing. | Fém. Plur. |
|---|---|---|---|
| __________ | lesquels | __________ | lesquelles |
| auquel | __________ | à laquelle | __________ |
| __________ | desquels | de laquelle | __________ |

## 2 Complète les phrases à l'aide d'un pronom relatif.

a) L'accident s'est produit sur la route __________ longe la falaise.

b) Marion a vu un film __________ lui a beaucoup plu.

c) Le film __________ je parle est intéressant.

d) Le livre __________ je pense te plaira.

e) Le texte _________ j'étudie est difficile

f) La forêt _________ nous irons nous promener est proche.

g) Dis-moi ce à ________ tu penses.

h) La maison _________ on a ajouté une verrière est ancienne.

i) Voici la cascade ________ mon père a photographiée.

## 3 Dans les phrases suivantes, entoure le pronom relatif et souligne son antécédent.

a) Voici les questions auxquelles tu devras t'attendre.

b) Le plat que je mange est excellent.

c) J'ai bu de l'eau à la source près de laquelle je me suis reposé.

d) J'admire la maison qui est bâtie sur la colline.

e) Le pin parasol est un conifère dont les graines sont comestibles.

f) On a démoli le toit sous lequel vous vous cachiez.

g) Nous avons traversé un champ où broutaient quelques vaches.

# Les mots de liaison
# Synthèse

| **Nature** | **Formes** | **Rôle** |
|---|---|---|
| le pronom relatif | qui, que, quoi, dont, où, lequel et ses formes | relie une proposition à un nom ou à un pronom |
| la préposition | à, avec, chez, contre, dans, de, etc...<br>a cause de, afin de, en face de... | relie, accroche un complément au mot que celui-ci complète |
| la conjonction | **de coordination :**<br>mais, ou, et, donc, or, ni, car, puis | unit deux mots ou deux groupes de mots de même nature et de même fonction |
| | **de subordination :**<br>quand, comme, si, que et ses composés, pour que, afin que, etc ... | unit une proposition à un nom (introduit une proposition complément.) |

## 1 Indique la nature des mots liens.

Mot lien qui unit

- Un groupe
  - **à un verbe** — il joue dans les bois } ____________
  - **à un nom** — le jardin de mes voisins } ____________
  - **à un groupe de même fonction** — je vois Luc et Jean } ____________
- une proposition
  - **à un verbe** — je joue quand il fait beau } ____________
  - **à un nom** — le jardin que j'aime } ____________
  - **à une prop. de même fonction** — ... et qui est bien orienté } ____________

## 2 Souligne puis classe les mots de liaison.

a. Voici un texte dont mon parrain est l'auteur.

b. Nous nous réunissons dans le jardin pour jouer.

c. Tu ne sais pas si nous irons à la piscine ou au cinéma.

d. Je n'ai jamais su quand tu allais venir.

e. J'ai travaillé puis je suis parti.

| **Prépositions** | **Pronoms relatifs** | **Conj. de coord.** | **Conj. de sub.** |
|---|---|---|---|
| | | | |
| | | | |
| | | | |

**3** **Complète en utilisant ce qui est demandé.**

a) Mon ami, qui est militaire, est allé en Allemagne (conj. de coord.)

___

b) Mon jeune frère boit du lait de soja (conj. de sub.)

___

c) Nous avons observé beaucoup d'écureuils (prép.)

___

d) Tu travailles très tard (conj. de coord.)

___

e) Nous chanterions mieux (conj. de sub.)

___

f) Emilie classe ses factures (prép.)

___

**4** **Utilise successivement une préposition, une conjonction de coordination, une conjonction de subordination.**

Tu lis le journal
a) ___
b) ___
c) ___

Cet élève consulte son cahier.
a) ___
b) ___
c) ___

**5** **Dans le texte suivant, les mots de liaison ont été soulignés. Classe-les dans le tableau.**

Je vous présente Terreur. C'est mon chat. Il est plus orgueilleux qu'un paon et aussi câlin qu'un cactus. Sa langue est moins douce que du papier sablé et ses yeux fixent autant que des torpilles. Il est tendre comme un crocodile affamé et moins actif que Garfield. Pourtant, une ombre le surprend : il fige alors d'horreur. S'ensuit une fuite spectaculaire : le poil hérissé, les griffes dehors, la tête aérodynamique. Cependant, il réapparaît bien vite. La frayeur dans l'œil, mais le port de tête prétentieux, donc fidèle à lui-même, il promène sa fierté d'être ce qu'il est : un Terreur terrorisé.

| | |
|---|---|
| **Comparaison** | |
| **Opposition** | |
| **Conséquence** | |
| **Addition** | |

 

# Les adverbes

On m'appelle
Sa Seigneurie l'Adverbe,
car j'ai de grands pouvoirs.
Je précise et souvent modifie
le sens d'un verbe, d'un
adjectif ou d'un autre adverbe.
Malheureusement,
je ne m'accorde avec
personne; je suis toujours
invariable.

**1 Classe les adverbes dans la colonne appropriée.**

| | | | | |
|---|---|---|---|---|
| hier | brièvement | moins | près | déjà |
| très | debout | assez | autour | mal |
| lentement | dehors | beaucoup | derrière | vite |
| partout | bravement | mieux | avant | toujours |
| longtemps | aussi | tôt | autant | ailleurs |

| Manière | Quantité | Temps | Lieu |
|---|---|---|---|
| | | | |
| | | | |
| | | | |
| | | | |
| | | | |
| | | | |
| | | | |

## 2 Remplace l'adverbe souligné par son contraire.

Élisabeth s'est levée tard ______________, elle dispose de peu ______________ de temps; le restaurant est loin ______________, elle y sera après ______________ l'heure convenue. En traversant le viaduc, elle remarque un étrange graffiti sur le devant d'un panneau de signalisation: « L'avenir appartient à ceux qui se lèvent tôt ______________ ! » La journée commence plutôt mal ______________, encore pis ______________ qu'elle ne le pensait.

## 3 Souligne les adjectifs employés comme adverbes de manière et remplace-les par un adverbe de ton choix.

Exemple : Parle plus fort, je ne comprends rien ! lentement

a L'hélicoptère vole bas. ______________

b Joshua voit clair dans cette situation embrouillée. ______________

c Mon frère s'ennuie ferme. ______________

d Je vois rouge quand je suis en colère. ______________

e Ce chien est sale et il sent mauvais. ______________

Des adverbes peuvent être formés à partir d'adjectifs :
- en ajoutant **ment** au masculin terminé par un **e** (brave / bravement);
- en ajoutant **ment** au féminin (folle / follement);
- en remplaçant la terminaison **ent** par **emment** (patient / patiemment);
- en remplaçant la terminaison **ant** par **amment** (suffisant / suffisamment).

**4 Écris l'adjectif à partir duquel chaque adverbe a été formé.**

| | | | |
|---|---|---|---|
| ardemment | ______ | bruyamment | ______ |
| mollement | ______ | prudemment | ______ |
| abondamment | ______ | sottement | ______ |
| tristement | ______ | nettement | ______ |

**5 Forme un adverbe à partir de chaque adjectif.**

| | | | |
|---|---|---|---|
| récent | ______ | sournois | ______ |
| impatient | ______ | constant | ______ |
| méchant | ______ | rare | ______ |
| plaisant | ______ | bête | ______ |

# Le groupe nominal

Le **groupe nominal** est un groupe de mots dont **le centre est un nom.**

Ce nom peut-être accompagné de différentes expansions:

**a. un épithète**

→ adjectif joint au nom, à gauche ou à droite, sans mot de liaison.

Ex : Un **grand** château **blanc**.

**b. un épithète détaché**

→ adjectif joint au nom, à gauche ou à droite, mais séparé de celui-ci par **une virgule**.

Ex : **Craintive**, la jeune fille rebroussa chemin.

**c. un complément du nom**

→ groupe nominal (G.N.) ou une proposition enchasée relative.

Ex : Le bonhomme **de neige**. (complément du nom)

L'enfant **qui chante par plaisir.** (prop. enchâssée relative)

**d. une apposition**

→ groupe nominal joint au nom à sa droite.

Ex : Tom, **le poète**. (Tom est le poète)

**1** **Dans les phrases suivantes, encadre chaque groupe nominal. Souligne le nom. Au moyen d'une flèche, relie les expansions au nom et indique leur nature.**

a) Les spécialistes de l'armée ont désamorcé la bombe qui avait été placée sous le pont.

b) Le boucher avertit son aimable clientèle de son départ en vacances.

c) La petite fille des voisins a apporté un énorme bouquet de fleurs.

**2** **Complète les phrases suivantes en utilisant un complément du nom de ton choix.**

a) Je déteste les combats ______________________________

b) Elle ne supporte pas les voyages ______________________________

c) Ceci est une reflexion ______________________________

d) Nous buvons un verre ______________________________

> Le nom est complément d'un autre nom ou d'un adjectif lorsqu'il précise le sens de l'un ou de l'autre.
>
> Ex : le gagnant du **match** est fier de son **succès**.
>
> (compl. du nom « gagnant ») (compl. de l'adjectif « fier »)

**3** **Relie chaque mot écrit en carctères gras à la fonction correspondante.**

a) Les victoires de **Jules César**. •

b) Une porte en **chêne**. •

c) Le vent glacial de **l'hiver**. •

d) Une brouette pleine de **sable**. •

e) Paul est inquiet pour son **avenir**. •

f) Un plat de **pâtes**. •

• complément du nom

• complément de l'adjectif

**4** **Explique le sens des groupes nominaux au moyen d'une proposition relative.**

Ex : une locomotive **à vapeur**.
une locomotive qui fonctionne à la vapeur.

a) Un sac de pommes de terre.

_______________

b) Les sports d'hiver.

_______________

c) Un couteau à fromage.

_______________

**5** **Complète les phrases suivantes par une proposition enchassée relative. Consulte éventuellement le dictionnaire.**

a) Une montre automatique est une montre _______________

_______________

b) Une personne mélancolique est une personne _______________

_______________

c) Une eau ferrugineuse est une eau _______________

_______________

d) Une personne taciturne est une personne _______________

_______________

**6** **Invente deux phrases contenant des appositions.**

a) _______________

b) _______________

# Participe présent - Adjectif verbal

Le p**articipe présent** est une f**orme verbale invariable** se terminant par **-ant**.

Ex: Surprenant tous ses amis, il arriva à l'heure.

Lorsque le **participe présent** est employé comme adjectif, c'est un **adjectif verbal**. Dans ce cas il s'accorde en genre et en nombre avec le nom auquel il se rapporte.

Ex: Une déclaration surpren**ante**.

**1** **Transforme les phrases selon l'exemple.**

Ex: Je regarde les canards **qui jouent** dans la mare.

→Je regarde les canards **jouant** dans la mare.

a) J'attends la liaison qui arrive de Bruxelles.

______________________________________________

b) Il écoute sa grand-mère qui raconte une histoire.

______________________________________________

c) Michel préfère les bonbons qui fondent dans la bouche.

______________________________________________

**2** **Ecris les verbes entre les parenthèses au participe présent.**

a) (terminer) ____________ ses devoirs, il se préparait à partir.

b) (craindre) ____________ de ne pas réussir, elle révisait tous les jours.

c) (connaître) ____________ son caractère, je pense qu'il arrivera tôt.

d) (tomber) ____________ depuis trois jours, la pluie faisait des ravages.

## 3 Souligne les mots se terminant par -ant et indique si ce sont des participes présents ou des adjectifs verbaux.

a Recevant une décoration, il a été félicité par le jury.

b On apprend énormément en lisant.

c L'exercice suivant est particulièrement difficile.

d J'ai vu un chien errant dans la rue.

e Il a retrouvé son chemin en se servant de son orientation.

## 4 Complète par les terminaisons qui conviennent.

a Les avions ont suivi une trajectoire survol _______ les champs.

b Dress _______ les oreilles, le loup allait se jeter sur nous.

c Les deux femmes se pressaient en rallum ______ les flammes mour _____.

d Atteign_______ le sommet, l'alpiniste laissa éclater sa joie.

e Le conducteur fit un écart en voul ________ éviter le chien.

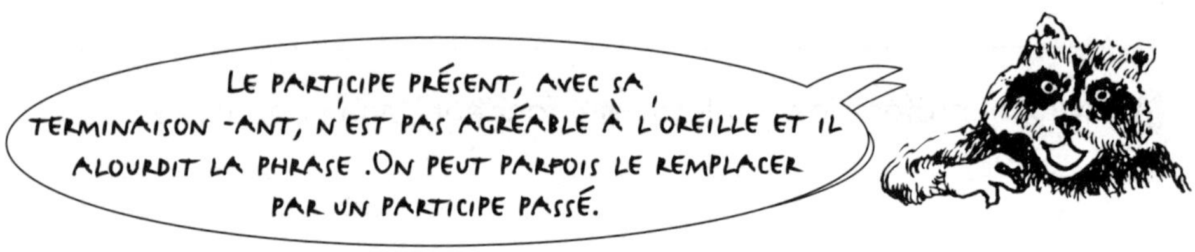


## 5 Remplace le participe présent par un participe passé.

a L'automobile allant à toute vitesse, a dérapé sur la neige.

______________________________________________

b Des élèves obéissant à leur instituteur, se sont tus.

______________________________________________

c Croyant qu'il réussirait, il n'a pas étudié.

______________________________________________

# Grammaire : Les fonctions
# Le groupe sujet

Dans une phrase, le **groupe sujet** (GS) répond à la question **qui est-ce qui ?** ou **qu'est-ce qui ?** posée avant le verbe.
Le groupe sujet (GS) peut être un pronom, un nom propre, un groupe du nom, un verbe à l'infinitif.

Quand le GS est un pronom, le noyau du GS est le pronom. Exemple : **Il** chante.

Quand le GS est un nom propre, le noyau du GS est le nom propre. Exemple : **Sarah** chante.

Quand le GS est un groupe du nom, le noyau du GS est le nom. Exemple : **Ma voisine** chante

Quand le GS est constitué de plusieurs groupes du nom reliés par et, le noyau est constitué de plusieurs noms. Exemple : **Ma voisine et ma mère** chantent.

Quand le GS est un verbe à l'infinitif, le noyau du GS est le verbe à l'infinitif. Exemple : **Chanter** rend joyeux.

**1 Entoure les groupes sujets des phrases suivantes et souligne le noyau.**

a. Plusieurs personnes pensent déménager cette année.

b. Adrienne, son frère et leur cousin arrivent demain.

c. Courir le cent mètres m'a épuisé.

d. Tout va mal !

e. Celui-ci me convient très bien.

f. Le chapeau de paille de la dame me cache la vue.

## 2 Complète les phrases par le groupe sujet demandé.

**a** ______________________ marche comme un canard.
(un pronom)

**b** ______________________ adore se promener sous la pluie.
(un nom propre)

**c** ______________________________ croient qu'il raconte des histoires.
(un groupe du nom)

**d** ___________________________________ n'est pas bon pour la santé.
(un verbe à l'infinitif)

**e** ___________________________________________ pouffent de rire.
(deux groupes du nom reliés par et)

**f** Dans le champs du voisin meuglent __________________________.
(un groupe du nom)

**g** Pourquoi me regardes- ____________ comme ça ?
(un pronom personnel)

**h** Dans cette maison est né ___________________________________.
(un nom propre)

**i** Voulez- ______________ me téléphoner ce soir
(un pronom personnel)

**j** Sur les fils électriques se tenaient en rangs serrés
__________________________________________________________________.
(deux groupes du nom reliés par et)

# Le groupe du verbe

Le **groupe du verbe** (GV) est un **verbe conjugué** ou un groupe de mots dont le **noyau** est un **verbe conjugué**.

Le GV peut contenir :

| | |
|---|---|
| un verbe conjugué seul | Exemple : Elle **parle**. |
| un verbe conjugué + un adverbe | Exemple : Elle **parle beaucoup**. |
| un verbe conjugué + un complément direct | Exemple : Elle **parle une drôle de langue**. |
| un verbe conjugué + un complément indirect | Exemple : Elle **parle à mon frère**. |
| un verbe conjugué + un attribut | Exemple : Elle **est bavarde**. |

**1** **Entoure les groupes du verbe et souligne leur noyau (le verbe conjugué).**

Mon oncle aime sa voiture. Tous les samedis matin, après la lecture de son journal, il la sort et la gare devant la maison comme s'il s'agissait d'un trophée.

Manifestement, il se prépare à lui faire subir un grand nettoyage.

Il lisse sa longue moustache et se fait craquer les doigts.

Finalement, il claque de la langue et répète le même mot :

« Inutile ! »

Mon oncle aime bien sa voiture, mais il préfère sa paresse.

# Les compléments directs et indirects

**1** **Souligne les mots ou groupes de mots compléments directs en bleu et souligne les mots ou groupes de mots compléments indirects en vert.**

a) La femme enfila rapidement ses gants noirs.

b) Elle héla une voiture verte et dit au conducteur : « Nous allons au poste de police. »

c) Quelques instants plus tard, elle tendit à l'homme un bout de papier.

d) Sans se soucier d'elle, il prit le papier et s'adressa à l'agent qui approchait.

e) L'homme dit à l'agent : « Je vous apporte la preuve de mon innocence. »

## 2 Invente une courte phrase dans laquelle le C.D. sera :

a un G.N. : ______________________________

b un infinitif : ______________________________

c une proposition : ______________________________

d un nom propre : ______________________________

e un pronom : ______________________________

## 3 Invente une courte phrase dans laquelle le C.I. sera :

a un nom commun : ______________________________

b un infinitif : ______________________________

c un pronom : ______________________________

## 4 Souligne le C.D. une fois et le C.I. deux fois. Indique leur nature.

a Je me souviens qu'il parlait toujours de ses parents.

b La cuisinière sale son plat puis le goûte rapidement.

c La secrétaire téléphone aux clients de l'usine.

d La météo indique que le temps va changer.

e Mon voisin aime cueillir ses prunes bien mûres.

f Le gendarme demande à Louis ses papiers d'identité.

## 5 Complète ces phrases à l'aide de compléments indirects <u>différents</u>.

a) Il ________ a dit qu'il était arrivé à quatre heures.

b) L'instituteur ________ a expliqué ce que tu ne comprenais pas.

c) Nous ________ avons dit de partir tôt.

d) Le contremaître ________ donne le travail à terminer.

e) Le maçon ________ parle tous les matins.

f) Il ________ pense régulièrement.

## 6 Souligne le C.I. pronom puis remplace-le par un groupe nominal.

a) Nos enseignants en parlent depuis longtemps.

______________________________________________

b) Je leur ai donné un travail à faire.

______________________________________________

c) Ces enfants m'ont apporté un joli bouquet de fleurs.

______________________________________________

d) L'élève lui demande des explications complémentaires.

______________________________________________

# Le C.D. et la forme passive

Ex:

Luc lit un beau livre.

S C.D

Un beau livre est lu par Luc.

G.S. C. d'agent

**1 Souligne le C.D. Puis transforme la phrase à la forme passive.**

**a** Il y a deux jours, le garagiste a réparé un pneu crevé.

________________________________________

**b** Pendant la tempête, le vent a emporté notre abri de jardin.

________________________________________

**c** Le facteur apporte le courrier tous les jours avant deux heures.

________________________________________

**d** Ce matin, notre chien a encore poursuivi le chat de la voisine.

________________________________________

**2** **Rends ces phrases actives puis soulignes-y le C.D.**

a Notre façade a été démolie par un énorme tracteur.

_______________________________________________

b Ta télévision avait été réparée par ce technicien.

_______________________________________________

c Sa moto est entretenue par un ami de mon frère.

_______________________________________________

**3** **Ajoute un C.D. si c'est possible.**

a Cette dame pâlit _______________________

b Ce bruit assourdissant a surpris _______________________

c Cette nuit, elle dormira _______________________

d De son jardin, il apercevait _______________________

e Les abeilles produisent _______________________

**4** **Souligne le C.D., indique sa nature et donne le pronom qui pourrait le remplacer.**

Ex: Charles ne supporte pas <u>l'attitude de sa soeur</u>.
**la** **groupe nominal**

a A l'orée du bois, il a vu un lièvre qui détalait à toute allure.

b Hier après-midi, nous avons visité le musée de l'aviation.

c J'ai bien cru qu'il allait tomber.

# Les compléments de phrase

Ils répondent aux questions :

| | |
| --- | --- |
| où ? → | C.L. |
| Quand ? → | C.T. |
| Comment ? → | C.Man. |
| A cause de ? → | C.C. |
| Pourquoi ? / Dans quel but ? → | C.But |
| Par quel moyen ? → | C.moyen |

**1** **Dans les phrases suivantes, entoure les mots ou les groupes de mots soulignés que l'on peut supprimer et déplacer.**

a) L'inspecteur habitait la banlieue nord de la ville.

b) Il s'était endormi sur sa chaise.

c) À minuit pile, la sonnerie du téléphone retentit.

d) Il sursauta à cause du bruit strident.

e) Il décrocha l'appareil maladroitement.

f) Atterré, il déposa le combiné sur une pile de dossiers ouverts.

g) Le suspect mesurait un mètre quatre-vingts. Il s'était enfui en voiture.

h) L'inspecteur regarda le plafond d'un air rêveur.

i) Quelques minutes plus tard, il était sorti.

Les **compléments de but et de cause** répondent à la question « **pourquoi** » posée derrière le verbe.

Ex: Vicki pleure parce qu'elle s'est blessée.
**Compl. de cause**

elle est tombée — elle pleure

La **cause** se passe « **avant** »

Louis se cache pour surveiller les écureuils.

il se cache — il surveille

Le **but** se passe « **après** »

## 2 Complète ces phrases comme demandé.

**a** ____________ (c. de lieu) ____________ (c. de temps) des trains de marchandises défilaient ____________ (c. de manière) .

**b** ____________ (c. de cause) je devrai tailler les haies ____________ (c. de but) .

**c** ____________ (c. de manière) tu rangeras ta chambre ____________ (c. de but) .

## 3 Souligne tous les compléments et écris leur fonction.

a Dès le printemps, le jardinier bêche son potager au fond du jardin pour pouvoir planter dès que possible.

b Il mange avec une fourchette depuis peu de temps.

c Il est poursuivi par la police pour ses menus larcins.

d En hiver, elles se regroupent autour de la reine et tremblent en faisant vibrer leurs muscles.

e Après les violentes rafales de vent, le couvreur est monté sur le toit de la maison à l'aide de sa plus haute échelle pour remettre les tuiles en place.

## 4 Souligne les compléments de phrase et indique leur nature.

a Nous rentrerons samedi → ____________________

b Tu as joué dans le jardin du voisin → ____________________

c Je me cache pour manger → ____________________

d Le car se dirigeait sur eux → ____________________

e Il parle lentement → ____________________

f Lorsque l'orage arrive, nous coupons la télévision → ____________

____________________________________________

# Epithète ou attribut ?

**1** **Entoure les trois intrus qui se sont glissés parmi les verbes d'état suivants.**

| | | | | |
|---|---|---|---|---|
| être | paraître | courir | manger | sembler |
| demeurer | devenir | avoir l'air | danser | rester |

**2** **Écris dans les parenthèses si les participes passés soulignés sont des attributs ou s'ils font partie du verbe conjugué à l'indicatif passé composé.**

a) Le cirque est venu s'installer ici il y a une semaine. (________________)

b) Le cirque semble venu de nulle part. (________________)

c) Le dompteur est acclamé par la foule. (________________)

d) Le dompteur est hypnotisé. (________________)

e) La trapéziste est tombée sans se blesser. (________________)

## 3 Classe ces phrases selon qu'il y a ou non un attribut.

| | Attribut | Pas d'attribut |
|---|---|---|
| a Le club du village paraît imposant. | ❑ | ❑ |
| b Le club du village paraît au bout de la rue. | ❑ | ❑ |
| c Mon voisin se rend chaque jour à Lille. | ❑ | ❑ |
| d Mon voisin se rend curieux envers ses amis. | ❑ | ❑ |
| e L'enfant fiévreux reste dans sa chambre. | ❑ | ❑ |
| f L'enfant paraît fiévreux. | ❑ | ❑ |

## 4 Achève ces phrases de deux manières différentes . La première avec un attribut, la seconde avec un épithète. (Pas de phrases passives !)

a Mon vieux vélo ______________________________

b Mon vieux vélo ______________________________

c Les oiseaux ______________________________

d Les oiseaux ______________________________

## 5 Analyse les phrases suivantes. Encadre aussi le groupe verbal.

Ex: Cet homme (G.S.) | est (v. d'état) un excellent ouvrier. (G. att. du S.) |

a Ce jardin semblait une véritable forêt vierge.

b Ce jeune cerf qui dévorait mes salades paraîssait affamé.

c Durant le mois d'août, le ciel demeura nuageux.

## 6 Place l'attribut entre parenthèses et pronominalise-le.

a Cette demeure est ancienne. ______________________

b Ce vélo est le mien. ______________________

c Sur le seuil, l'homme était immobile. ______________________

d En hiver, les jours sont courts. ______________________

e Comme il est méchant, le chien du voisin ! ______________________

## 7 Remplace le pronom souligné par un attribut du sujet.

a Cette femme <u>le</u> paraît.

______________________

b Nous <u>le</u> resterons tout le temps que vous serez partis.

______________________

c Tom <u>l'</u>est depuis son plus jeune âge.

______________________

## 8 Entoure les pronoms attributs, et rien que ceux-là.

a Nous ne le verrons plus avant plusieurs années.

b Le dentisite l'a examiné avec attention.

c Paris l'est depuis des siècles.

d Vous ne le seriez pas sans votre travail.

e Marc l'était depuis des lustres.

f La moto de mon voisin y était.

# Grammaire - La phrase
## La Phrase verbale ou non verbale.

Une phrase qui contient au moins un verbe conjugué est une **phrase verbale**.

Ex : Cet appareil est hors d'usage.

Une phrase qui ne contient pas de verbe conjugué est une **phrase non verbale**.

Ex : Hors d'usage.

**1** **Trace une croix devant les phrases verbales.**

- a Ne stationnez pas dans les escaliers. ❑
- b Passage nuageux dimanche soir. ❑
- c Il faut en finir avec les cartables trop lourds. ❑
- d Comment ? ❑
- e Maman est sortie acheter du pain. ❑
- f Sortez dans le couloir. ❑
- g A terminer ! ❑

**2** **Transforme les phrases suivantes en phrases de base.**

Exemple :

Congestion sur l'autoroute 40. L'autoroute 40 est congestionnée.

a) Vitesse limitée à 50 km. ____________________

b) Attention à la marche ! ____________________

c) Livres usagés au sous-sol. ____________________

d) Ne pas nourrir les animaux. ____________________

e) Lapins à vendre. ____________________

f) Défense de fumer ! ____________________

**7** **« Les vacances sont finies. »**

**Trouve d'autres manières d'exprimer cette idée. Indique s'il s'agit d'une phrase verbale ou non verbale.**

a) ____________________

b) ____________________

c) ____________________

d) ____________________

e) ____________________

# Les quatre types de phrases

La phrase déclarative (**D**) exprime un fait.
La phrase impérative (**IMP**) exprime un ordre, un conseil.
La phrase interrogative (**INT**) exprime une interrogation.
La phrase exclamative (**E**) exprime une émotion vive.

**1 Ecris dans les parenthèses le type de chaque phrase.**

Exemple : Ma meilleure amie a déménagé. **(D)**

a Fais un vœu et souffle les chandelles. (__________)

b Même si je n'ai pas de manteau, on ne m'empêchera pas de sortir. (__________)

c Personne n'entendit le bruit de sa chute. (__________)

d Vive la liberté ! (__________)

e Par la fenêtre ouverte, une brise odorante voyageait subtilement. (__________)

f Rien ne me fera changer d'avis. (__________)

g Viens-tu ? (__________)

h Quelle chaleur il fait ! (__________)

**2** **Mets les mots dans le bon ordre pour en faire des phrases interrogatives.**

**a** faut tôt pourquoi il toujours partir si ?

---

**b** voir tu quand me viendras ?

---

**c** tu en voyage est-ce pars que ?

---

**d** ces été elles grottes ont creusées hommes par des ?

---

**e** ils comment leur oiseaux les faire apprennent à nid ?

---

**f** madame enfants n'auriez de pas vu vous les Meurens?

---

**g** provisions peut le des dans chameau il faire d'eau bosse sa ?

---

**h** chiens quand pourquoi les halètent ils ils ont couru ?

---

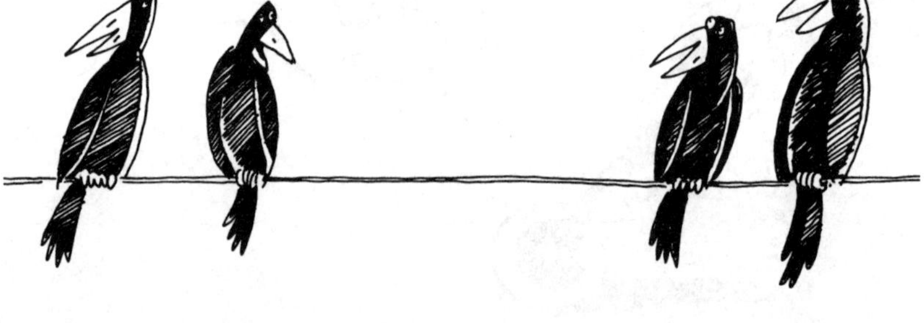

**3** **A partir de la phrase déclarative suivante, compose des phrases interrogatives.**

« Marc s'avança avec précaution au bord du ravin. »

a L'interrogation porte sur toute la phrase (deux façons).

______________________________________________

______________________________________________

______________________________________________

b L'interrogation porte sur le groupe sujet.

______________________________________________

c L'interrogation porte sur le groupe qui indique le lieu.

______________________________________________

d L'interrogation porte sur le groupe qui indique la manière.

______________________________________________

**4** **« Vous irez voir une pièce de théâtre amusante. »**
**Compose à partir de cette phrase déclarative :**

a une phrase impérative

______________________________________________

______________________________________________

b une phrase interrogative

______________________________________________

______________________________________________

# Les formes de la phrase

## Forme affirmative ou négative.

La transformation négative se fait en encadrant le verbe par une négation telle que **ne ... pas ; ne ... plus ; ne ... jamais ; ne ... guère**.

**1** **Fais la transformation négative en utilisant la négation qui convient.**

a) Je regarde encore la télévision → ____________________

b) Nous possédons une piscine → ____________________

c) Allez toujours à la séance du soir → ____________________

d) Ils ont beaucoup de chance → ____________________

**Chaque type de phrase peut prendre les deux formes.**

**2** **Utilise la phrase ci-jointe et complète le tableau.**

« Vous allez à la piscine »

| Forme / Type | Affirmative | Négative |
|---|---|---|
| déclaratif | | |
| interrogatif | | |
| exclamatif | | |
| impératif | | |

## 3 Transforme les phrases suivantes.

**a** Vous n'écoutez pas le bruit des vagues.

Interrogative, affirmative: ______________________________

Impérative, affirmative: ______________________________

**b** Tu lui récites ton plus long poème !

Déclarative, affirmative: ______________________________

Impérative, négative : ______________________________

**c** Ne pars pas demain.

Déclarative, affirmative: ______________________________

Exclamative, négative : ______________________________

**d** Nous allons chercher Sébastien.

Interrogative, affirmative: ______________________________

Impérative, négative : ______________________________

## Forme active ou passive

**Phrase active :** le sujet accomplit ou n' accomplit pas l' action. Le verbe est à la **voix active**.

Ex : Le chat poursuit la souris.

**Phrase passive :** le sujet subit ou ne subit pas l' action. Le verbe est à la **voix passive**.

Ex : La souris est poursuivie par le chat.

**1 Souligne 1x les phrases actives et 2x les phrases passives.**

a) Sur la route, des cailloux énormes étaient projetés dans tous les sens.

b) Nous arriverons par le train de sept heures.

c) Au creux du mur, un lézard avait construit un nid.

d) Ce matin, les branches des arbres étaient secouées par des rafales de vent.

**2 Encadre le verbe, souligne 1x le sujet ou le G.S., souligne 2x le C.D. et 3x le c. d'agent.**

a) Dans le potager, les légumes sont arrosés par le jardinier.

b) Les déménageurs introduiront le piano par la fenêtre.

c) Les voitures ont été dégagées par les dépanneurs.

d) Ce soir, mangerez-vous un énorme plat de viande ?

## 3 Ecris les phrases suivantes à la voix passive.

a) Le menuisier enfonce un clou d'un coup sec.

______________________________________________

b) Des dessins décoraient les murs lors de la fête de l'école.

______________________________________________

c) Une avalanche couperait la route d' accès à Val-Thorens.

______________________________________________

## 4 Ecris les phrases suivantes à la voix active.

a) La clé de la maison sera confiée à l'aîné de la famille par mes parents.

______________________________________________

______________________________________________

b) Les pommes du verger étaient attaquées par les pucerons.

______________________________________________

c) Hier, ma soeur a été mordue par un chien.

______________________________________________

## 5 Essaye d'écrire ces phrases à la voix passive. Que constates-tu ?

a) La neige tombe dans le jardin. → ______________________

b) Les enfants sont venus par la forêt. → ______________________

c) Mes parents regardent un film dans le salon. → ______________________

______________________________________________

**Seuls les verbes qui acceptent un C.D. autorisent la voix passive.**

## Forme neutre ou emphatique

Dans une **phrase neutre**, aucun élément n'est mis en évidence

Ex : Tom est allé rendre visite à son ami.

Dans une **phrase emphatique**, on insiste sur un élément que l'on veut mettre en valeur.

Plusieurs façons de la former ...

« **C 'est** Tom **qui** est allé rendre visite à son ami »

« **C 'est** à son ami **que** Tom est allé rendre visite »

« **Son ami**, lui, l' attend »

« Son ami, il l' attend »

« **Voici** l'ami **qui** attend Tom »

« **Voilà** l'ami **qui** attend Tom »

**1** **Ecris « E » s' il s'agit d'une phrase emphatique et « N » s'il s'agit d'une phrase neutre.**

a) C'est sous la corniche que l'hirondelle a construit son nid . ______

b) Il pleut vraiment trop souvent en Belgique ! ______

c) Pendant les vacances, ils sont partis en Italie. ______

d) C'est dans ce bureau à Bruxelles que Marie travaille. ______

e) Voici la maison dans laquelle nous allons habiter. ______

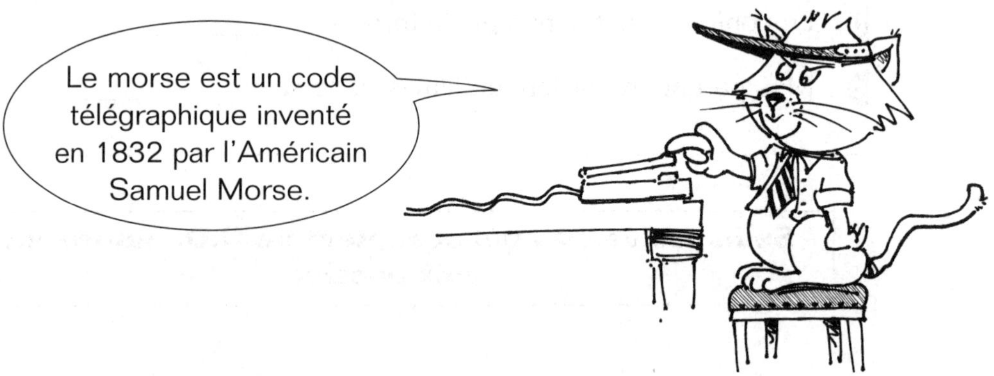

## 2 Recopie ces phrases en les rendant emphatiques en insistant d'abord sur le sujet puis sur un des compléments

a a) La bouteille de lait se trouve sur l'armoire de la cuisine.

1) ____________________

2) ____________________

b Chaque année, nous partons skier dans les Alpes.

1) ____________________

2) ____________________

## 3 Rends ces phrases neutres.

a C'est à cause de la rouille que papa a dû remplacer la voiture.

____________________

b Voici les papiers que tu m'as demandés.

____________________

c C'est cette encyclopédie qui m'aide beaucoup.

____________________

d Voilà le chien qui nous fait toujours la fête.

____________________

## 4 Invente des phrases en insistant :

a sur le sujet : ____________________

b sur le verbe : ____________________

c sur un complément : ____________________

d sur le C.D. : ____________________

e sur le C.I. : ____________________

# Synthèse de la transformation des phrases

**1** **Classe les phrases suivantes dans les ensembles.**

a) En quelle année l'homme a-t-il marché sur la lune ?

b) Vicky a perdu son écharpe.

c) Est-ce cette matière que tu n'as pas comprise ?

d) On n'a rien vu.

e) C'est avec toi que je suis parti.

f) Nous avons été invités par mes grands-parents.

g) Voici les fruits qui ont été cueillis.

h) Ce sont les fruits qui n'ont pas été cueillis.

i) Est-ce toi qui parles ?

j) Ne viens pas ici !

k) C'est le film que je n'ai pas vu.

l) Je suis très amoureux.

## 1. Les types de phrases.

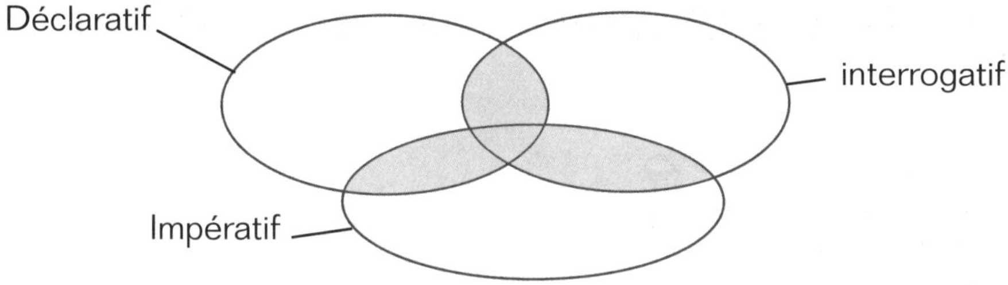


## 2. Les formes de la phrase.

**A**

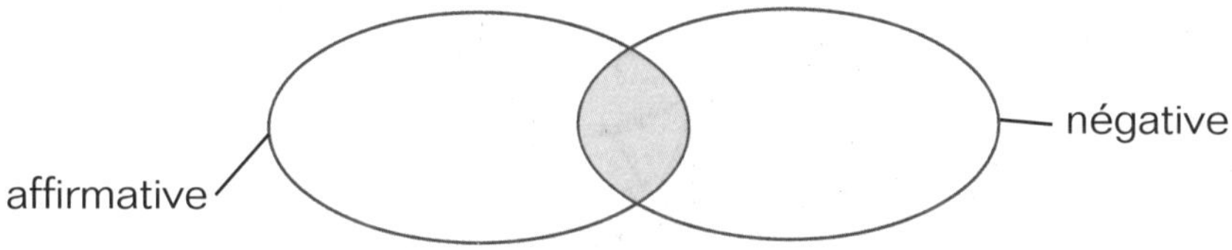


**B**

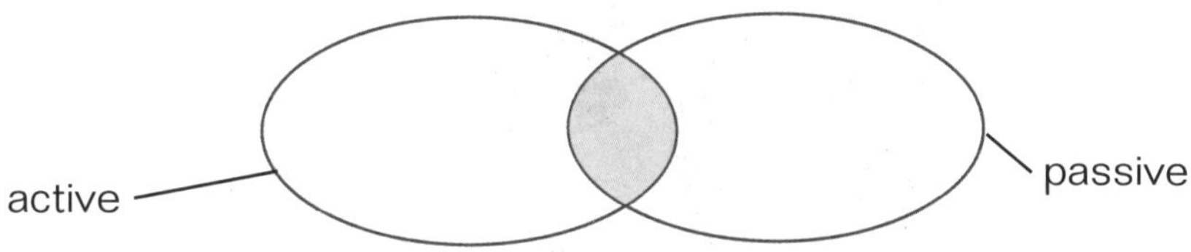


**C**

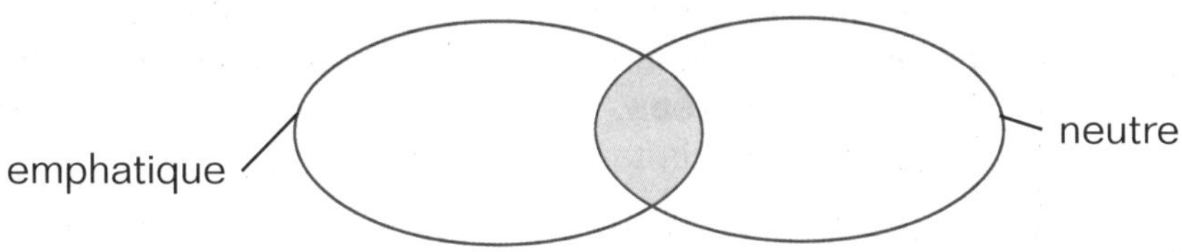

# La phrase complexe
# Propositions juxtaposées ou coordonnées

Quand le sens s'y prête, on peut réunir deux ou plusieurs phrases simples en **phrase complexe** chaque phrase simple devient une **proposition**.
Ex : Tom voit la tarte. Il la prend. Il la mange.

**Tom voit la tarte,**
proposition 1
**il la prend**
proposition 2
**et il la mange.**
proposition 3

Simplement séparées par une virgule , les propositions sont **juxtaposées.**
Ex : Tom voit la tarte, il la prend.

Reliées par la conjonction de coordination « et », elles sont **coordonnées**.
Ex : Il la prend **et** il la mange.

Les **conjonctions** de coordination unissent deux éléments de la phrase de même nature et de même fonction.

Les conjonctions de coordination sont : **mais, ou, et, donc, or, ni, car.**

## 1 Réunis les phrases simples en une phrase complexe.

a Louis regarde l'heure. Il se rend compte de son retard. Il accélère l'allure. → ______________________________

______________________________

______________________________

b Le vent se lève. Il soulève la poussière. Il balaie les feuilles mortes. Il balance la cime des arbres.→ ______________________________

______________________________

______________________________

c Les élèves entrent en classe. Ils gagnent leur banc. Ils s'installent calmement. Ils sortent leur livre de lecture.→ ______________________________

______________________________

______________________________

## 2 Evite la répétition du sujet et supprime les conjonctions inutiles. (N'oublie pas la ponctuation !)

a Il trébuche contre une pierre et il perd l'équilibre et il se relève aussitôt et il frotte ses genoux et il repart en marchant.

______________________________

______________________________

______________________________

b Vicky aperçoit un paquet sur la table et elle le prend et elle l'ouvre et elle y trouve son cadeau d'anniversaire.

______________________________

______________________________

______________________________

# Les propositions enchâssées

« Tom a lu un livre qui lui a plu. »

« Les enfants sortent en récréation lorsque la cloche retentit. »

Des **propositions enchâssées** sont **non indépendantes** car elles sont liées l'une à l'autre et ne forment qu'un tout.

Les mots qui les relient sont soit des **pronoms relatifs** (1ère phrase) soit des **conjonctions de subordination** (2ème phrase)

**1 Recopie les phrases en évitant les répétitions.**

a) Nous admirons le jardin. L'allée du jardin est sinueuse.

________________________________________

b) Lucas aperçut un écureuil. L'écureuil sautait d'arbre en arbre.

________________________________________

c) La barrière est couverte d'une peinture. Une peinture la protègera de la rouille.

________________________________________

**2** **Souligne les propositions enchâssées et indique leur fonction.**

a Que les enfants ne comprennent pas arrive souvent.

b J'aime que les oiseaux chantent dans les arbres.

c Mon souhait est que tu réussisses.

d La veste dont un bouton est décousu pend au mur.

e On espère que les enfants arrivent.

f Quand le chat est parti, les souris dansent.

g Marc a corrigé le texte dans lequel j'avais laissé des erreurs.

h Maman répare la jolie poupée que j'ai reçue de ma tante.

i Le vieux fauteuil dont le pied est abîmé est dans le garage.

# Conjugaison
## Les verbes

On classe les verbes en trois groupes suivant la terminaison de leur infnitif.

**1** **Complète par la terminaison des infinitifs les groupes suivants.**

1er groupe : « ______________ »

3ème groupe : « ____________ »

2ème groupe : « ____________ »

**2** **Sépare le radical et la terminaison de ces verbes conjugés.**

a Je sortais → ________________

b Nous fournissons → ________

c Tu partiras → _______________

d Vous lançâtes → ___________

e Elles appelaient → __________

f Ils partent → ________________

**3** **Dans les phrases suivantes, souligne les verbes pronominaux.**

a Dès les premiers instants, ils se demandent pourquoi ils se sont déplacés si tôt.

b Ils se rendent compte qu'ils s'amusent beaucoup.

c Vont-ils s'aimer, se séparer ou se marier ?

**4** **Dans les phrases suivantes, souligne les verbes impersonnels.**

a Il est tout rouge.

b Le rôti est brûlé : il a une drôle d'odeur.

c Je n'ai pas eu le temps de te répondre.

d Le temps est passé depuis longtemps.

**5** **Dans l'horoscope suivant, souligne les verbes employés au passif.**

**Balance** (23/09 au 23/10)

La semaine sera dominée par l'alignement de Neptune et de Mercure dans votre signe. Votre disponibilité à changer de registre sera appréciée par votre entourage. Si vous en avez l'occasion, n'hésitez pas à partir en week-end.

**6** **Dans les phrases suivantes, souligne une fois les verbes conjugués à un temps simple et deux fois, ceux soulignés à un temps composé.**

a Nous marchons dans la forêt de bouleaux.

b Quels étaient ces bruits qu'il avait entendus ?

c Il se précipita dans le bureau de son père.

d Quelqu'un avait fouillé tous les tiroirs.

e Tu aurais mieux dîné si tu n'avais pas mangé avant.

f Il a écouté les consignes bien trop tard.

**7** **Ecris l'infinitif des verbes suivants.**

a Ils eurent ____________

b Il pèse ____________

c Que tu veuilles ____________

d J'enverrais ____________

e Nous nous assoyons ____________

f Il crut ____________

g Tu subissais ____________

h Vous concluez ____________

i Ils cousent ____________

j Ils craignaient ____________

# La concordance des temps

**1** **Dans quel ordre se déroulent les actions ? Numérote-les (1-2). Indique le mode et le temps auxquels elles sont conjuguées.**

a) Maman <u>préparera</u> le plat qu'on lui <u>aura demandé</u>.

b) Lorsque je <u>suis parti</u>, il <u>neigeait</u>.

c) Je <u>crois</u> que mes parents <u>sont revenus</u> avant la nuit.

d) Les enfants <u>jouèrent</u> dès que la cloche <u>eut sonné</u>.

e) Ils <u>partaient</u> dès qu'ils <u>avaient fini</u> leurs devoirs.

**2** **Cite le(s) temps qui s'entend(ent) bien avec :**

le présent : ____________________

l'imparfait : ____________________

le futur simple : ____________________

le passé simple : ____________________

**3** **Ecris les verbes entre parenthèses au temps qui convient.**

a) Sitôt que tu te (coucher) ______________________ , tu éteindras.

b) Lorsque je (sortir) ______________________ , il avait plu.

c) Hier, dès que tu (achever) ____________________ tes devoirs, tu étudias tes leçons.

d) Je jouais avec un jeu que mon grand-père m' (offrir) _____________ .

e) Je pense que mes parents (revenir) _________________________ quand la tempête (se déchaîner) ________________________ .

f) Dès que je (revenir) ____________________ , mon chien me fit la fête.

g) Dès que le jour se fut levé, le coq (chanter)____________________ .

h) L'oiseau déposera des oeufs dans le nid qu'il (construire) _________________________ .

i) Lorsqu' il (bêcher) _______________________ le potager, papa y sème des graines.

j) Si elle (pouvoir) __________________________ voler, elle décrocherait la lune.

# Les temps simples

**1** **Conjugue ces verbes à l'indicatif présent.**

| | | |
|---|---|---|
| Je | prendre → ______________ <br> peindre → ______________ | mettre → ______________ <br> jeter → ______________ |
| Tu | apercevoir → ______________ <br> mourir → ______________ | promettre → ______________ <br> vouloir → ______________ |
| Elle | prendre → ______________ <br> prévoir → ______________ | pouvoir → ______________ <br> achever → ______________ |
| Nous | ranger → ______________ <br> finir → ______________ | avancer → ______________ <br> appeler → ______________ |
| Vous | faire → ______________ <br> appuyer → ______________ | relire → ______________ <br> dire → ______________ |
| Ils | défaire → ______________ <br> connaître → ______________ | parvenir → ______________ <br> admettre → ______________ |
| On | mentir → ______________ <br> résoudre → ______________ | admettre → ______________ <br> vouloir → ______________ |

## 2 Conjugue les verbes suivants à l'indicatif imparfait.

a pincer : je ________________
b placer : elles ________________
c finir : tu ________________
d croire : vous ________________
e peindre : tu ________________
f boire : je ________________
g remercier : vous ________________
h envoyer : nous ________________
i éteindre : nous ________________
j dissoudre : elles ________________
k joindre : tu ________________
l craindre : ils ________________

## 3 Conjugue les verbes suivants à l'indicatif futur simple.

a remercier : je ________________
b apercevoir : nous ________________
c être : vous ________________
d céder : il ________________
e vouloir : je ________________
f aller : nous ________________
g ennuyer : tu ________________
h voir : ils ________________
i acheter : il ________________
j savoir : tu ________________
k offrir : vous ________________
l rejeter : ils ________________

## 4 Conjugue les verbes suivants à l'indicatif conditionnel présent.

a Si tu y allais, nous (pouvoir) ________________ nous voir.
b Il prétendit qu'il (courir) ________________ plus vite que moi.
c Ma plaie (guérir) ________________ plus vite si j'arrêtais de la gratter.
d Si elle pouvait voler, elle (décrocher) ________________ la lune.
e Si elle se présentait, nous (saisir) ________________ l'occasion.
f Si j'étais un peu moins gêné, j' (aboyer) ________________ de joie.
g Il savait que nous l'(appeler) ________________ dès notre retour.

## 5 Conjugue les verbes suivants à l'indicatif passé simple.

- a danser : je ______________
- b envoyer : ils ______________
- c lire : nous ______________
- d savoir : vous ______________
- e s'asseoir : il ______________
- f croire : tu ______________
- g attendre : j' ______________
- h devoir : elle ______________
- i connaître : ils ______________
- j voir : nous ______________
- k plonger : elles ______________
- l partir : vous ______________

## 6 Conjugue les verbes suivants au subjonctif présent.

- a venir : elle ______________
- b recevoir : vous ______________
- c battre : ils ______________
- d avoir : nous ______________
- e voir : je ______________
- f pouvoir : vous ______________
- g être : elles ______________
- h aller : tu ______________
- i craindre : il ______________
- j vouloir : je ______________
- k fuir : vous ______________
- l mûrir : nous ______________

## 7 Conjugue les verbes suivants à l'impératif présent.

- a dire : 2ème pers. singulier : ______________
- b cuire : 1ère pers. pluriel : ______________
- c être : 2ème pers. pluriel : ______________
- d savoir : 2ème pers. pluriel : ______________
- e avoir : 1ère pers. pluriel : ______________
- f partir : 2eme pers. singulier : ______________

# Les temps composés

**Rappel :**

| | |
|---|---|
| Tu as écouté<br>↙ Aux. au présent ↘ Participe passé | **Indicatif passé composé** |
| Tu avais écouté<br>↙ Aux. à l'imparfait ↘ Participe passé | **Indicatif plus-que-parfait** |
| Tu auras écouté<br>↙ Aux. au futur simple ↘ Participe passé | **Indicatif futur antérieur** |
| Tu aurais écouté<br>↙ Aux. au conditionnel présent ↘ Participe passé | **Indicatif conditionnel passé** |
| Tu eus écouté<br>↙ Aux. au passé simple ↘ Participe passé | **Indicatif futur antérieur** |

**1 Ecris les verbes suivants aux temps composés demandés.**

a) Marc (marcher, passé composé) _______________ toute la journée.

b) Quand il (visiter, passé antérieur) _____________________ cette caserne, il s'en alla.

c) Elle ira jouer quand elle (terminer, futur antérieur) ________________ ses devoirs.

d) Nous (éteindre, plus-que-parfait) ________________________ le feu.

e) Elles (partir, passé composé) _____________________ tout de suite.

f) Il (convaincre, passé composé) _______________ toute sa classe.

g) Ils se rappelaient que nous (aller, plus-que-parfait)______________ le voir en Italie.

# Un peu de tout

**1** **Indique le temps et le mode des verbes conjugués.**

Indicatif présent
Indicatif futur simple
Indicatif imparfait
Indicatif passé simple
Indicatif passé composé
Indicatif conditionnel présent
Subjonctif présent
Impératif présent

a J'accepte ____________________

b Vous avez nagé ____________________

c Nous transférerions ____________________

d Prends ____________________

e Ils disparaîtront ____________________

f Tu paraissais ____________________

g Il conduisit ____________________

h Que tu conclues ____________________

i J'ai terminé ____________________

**2** **Remplis la grille.**

1. Rendre : 3e pers. du pluriel, indicatif passé simple.
2. Isoler : 2e pers. du singulier, indicatif conditionnel présent.
3. Restreindre : 1re pers. du singulier, indicatif présent.
4. Imprimer : 3e pers. du pluriel, subjonctif présent.
5. Arriver : 1re pers. du singulier, indicatif futur simple.
6. Ondoyer : 2e pers. du singulier, subjonctif présent.
7. Tirer : 2e pers. du singulier, impératif présent.
8. Arriver : 2e pers. du singulier, impératif présent.
9. Saisir : 3e pers. du singulier, indicatif passé simple.

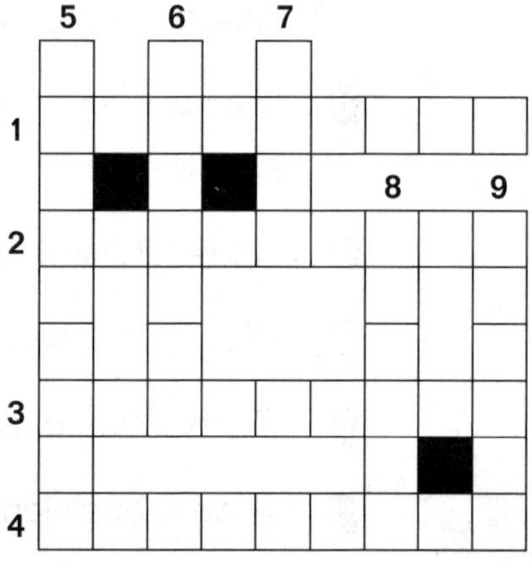

# Corrigés

**PAGES 3 À 7** **Les déterminants**

**1.** Je porte mes regards vers la rivière et je distingue trois hommes dans une chaloupe qui aborde près du moulin. Je fais aussitôt le signe de la croix et je récite toutes les prières que ma pauvre défunte grand'mère m'avait enseignées dans ma tendre jeunesse; car le doute n'était plus possible: c'étaient certainement les habitants de ce moulin, c'est-à-dire le diable et ses diablotins.

**2.**

| | Dét. démonstratif | Dét. possessif | Dét. numéral | Dét. indéfini | Dét. interrogatif | Dét. exclamatif |
|---|---|---|---|---|---|---|
| mes | | X | | | | |
| cet | X | | | | | |
| quel ! | | | | | | X |
| votre | | X | | | | |
| six | | | X | | | |
| tes | | X | | | | |
| quelles ? | | | | | X | |
| chaque | | | | X | | |
| ces | X | | | | | |
| sa | | X | | | | |
| tout | | | | X | | |
| deux | | | X | | | |
| quelque | | | | X | | |
| cette | X | | | | | |
| nos | | X | | | | |
| leur | | X | | | | |
| quelles ! | | | | | | X |
| cent | | | X | | | |
| notre | | X | | | | |
| quel ? | | | | | X | |
| certaine | | | | X | | |

**3.** **a)** deux → deuxième
**b)** quatre → quatrième
**c)** neuf → neuvième
**d)** dix-huit → dix-huitième
**e)** vingt → vingtième
**f)** quatre-vingts → quatre-vingtième

**4.** **a)** Il a remporté son match en quelques minutes.
**b)** Tous les enfants sont partis confiants.
**c)** Nous retournons chaque année au même endroit.
**d)** Plusieurs élèves sont arrivés en retard ce matin.
**e)** Beaucoup de personnes sont tombées malades en même temps.

**5.** **a)** cette **b)** plusieurs **c)** mille
**d)** dernier **e)** lequel

**6.** **a)** **Des** hirondelles construisent leur nid sous **des** corniches.
dét. art indéfini — dét. art indéfini

**b)** Les branches **des** arbres sont secouées par le vent.
dét. art défini contracté

**c)** Le vacarme **des** vagues montait jusqu'à la maison.
dét. art défini contracté

**d)** Certaines femelles pondent leurs oeufs sur les feuilles **des** orties.
dét. art défini contracté

**7.** **a)** Il ajoute **du** sel sur tous **les** aliments.
dét. art partitif — dét. art défini

**b)** Mangez **des** abricots pour avoir **une** peau de pêche !
dét. art indéfini — dét. art indéfini

**c)** Elle emploie toujours **de l'**huile **d'**olive.
dét. art partitif — dét. art indéfini élidé

**d)** Je voudrais **de la** sauce sur ma viande.
dét. art partitif

**e)** Seul **le** beurre a **la** saveur **du** beurre.
dét. art défini — dét. art défini — dét. art partitif

**f)** Je parle **du** chien de **la** voisine.
dét. art défini contracté — dét. art défini

8. a) Vicki étudie **la** leçon d'histoire ; elle **la** récitera à haute voix.
dét. art défini — pronom personnel

b) **Les** enfants aiment les chiens mais ils **les** taquinent souvent.
dét. art défini — pronom personnel

c) Le maître distribue **les** travaux ; il **les** reprendra ce soir.
dét. art défini — pronom personnel

d) Luc joue dans **la** cour ; son ami **l'**appelle.
dét. art défini — pronom personnel

e) **L'**avion atterrit, on **le** suit du regard.
dét. art. défini élidé — pronom personnel

## PAGES 8 Les pronoms

1. Quand le pronom remplace un groupe du nom, il prend le genre et le nombre du noyau du groupe du nom qu'il remplace.
2. je, me, tu, te, elle, la, lui: pronoms personnels - le mien, les siennes: pronoms possessifs - celui, celui-là, celle-ci: pronoms démonstratifs - qui, que, dont, auquel: pronoms relatifs - aucun, certain, chacun: pronoms indéfinis

## PAGES 9 ET 10 Les pronoms personnels

1. a) Les oiseaux rendent des services à la culture. **Ils** mangent les insectes. b) Ma soeur et **moi**, **nous** aimons les ballades à vélo. c) Cette question, **je te la** poserai plus tard. d) **Leur** as-**tu** rendu leurs chaussures ? e) **Ils** ont pris leur chien avec **eux**; les vois-**tu** ?

2. a) Elle **les** a trouvé. b) Luc **le** termine. c) Ne **le** prends pas. d) Lance-**la**. e) **Le** prendras-tu à quatre-heures ? f) Elle **le leur** raconte. g) Nos amis nous **les** ont offertes.

3. Elle me le dira. (Elle: sujet, me: CI, le: CD)
On lui en a parlé. (On: sujet, lui: CI, en: CI)
Y avez-vous pensé ? (Y: CI, vous: sujet)
Vous me les rendrez. (Vous: sujet, me: CI, les: CD)
Elle vous en parlera. (Elle: sujet, vous: CI, en: CI)
Viens-tu avec moi ? (tu: sujet, moi: c. d' accompagnement)
Ne les leur avez-vous pas donné hier soir ? (les: CD, leur: CI, vous: sujet)

4. a) Elle en parle. b) Elle y pense. c) Hier, il en a parlé. d) J'y vais ce samedi. e) J'y penserai tout à l'heure.

5. A corriger par un adulte.

## PAGES 11 ET 12 Les pronoms possessifs

1.

| | | Un objet possédé | | Plusieurs objets possédés | |
|---|---|---|---|---|---|
| | | masculin | féminin | masculin | féminin |
| POSSESSEURS | 1ère pers. sing. | le mien | la mienne | les miens | les miennes |
| | 2ème pers. sing. | le tien | la tienne | les tiens | les tiennes |
| | 3ème pers. sing. | le sien | la sienne | les siens | les siennes |
| | 1ère pers. plur. | le nôtre | la nôtre | les nôtres | les nôtres |
| | 2ème pers. plur. | le vôtre | la vôtre | les vôtres | les vôtres |
| | 3ème pers. plur. | le leur | la leur | les leurs | les leurs |

2. a) Ton sac est en toile tandis que <u>le mien</u> est en cuir. b) Notre rue semble bruyante par rapport à <u>la vôtre</u>.
c) Voici votre part, il faudra leur rendre <u>la leur</u>. d) J'écoute ses explications, elles sont plus claires que <u>les tiennes</u>.
e) Leur chien est très gentil, <u>le nôtre</u> ne se laisse pas caresser.

3. a) Voici plus de trois heures que nous attendons nos valises.Les **vôtres** arrivent, les **nôtres** vont suivre.
b) Il voit plus vite les défauts des autres que **les siens**. c) Il a oublié ses gants; prête-lui **les tiens**.
d) Nos lilas sont en fleur longtemps avant **les vôtres**. e) Mon perroquet a perdu ses plumes alors que **le tien** a gardé **les siennes**.

4. a) Temine tes leçons, nous avons déjà achevé les nôtres.
b) Prends nos pulls ; ils sont rangés dans l'armoire. Le mien est bleu tandis que le tien est vert. Ne les confonds pas avec les leurs.

5. a) Il leur donne toujours les miennes.
b) Ils y réconfortent les autres.

## PAGE 13 Les pronoms démonstratifs

1. **Masculin:** celui - **ceux** - celui-là - **celui-ci** - **ceux-ci** - ceux-là.
**Féminin: celle** - celles - **celle-là** - celle-ci - celles-ci - **celles-là**. **Formes invariables** : ce - **ceci**- **cela** - ça - c'.

2. a) Même si ces croquis n'étaient pas <u>les miens</u>, je me réjouissais à l'idée que les créations seraient <u>les nôtres</u>.
b) Cette exposition me plaît davantage que **celle** de l'année dernière.
c) Je parlais à **ceux** qui ne m'écoutaient pas et **cela** m'attrista.

 

**d)** Ces fleurs sont magnifiques, mais **celle-ci** n'est pas la vôtre.
**e)** J'ai pesté fort contre ces lunettes avant de comprendre que **c'**étaient les tiennes.
**f)** **Celui** qui boira mon chocolat me donnera le sien.

## PAGES 14 ET 15 Les pronoms indéfinis

**1.** **a)** Dans le potager, les salades germent mais peu sont à maturité.
**b)** Quelques enfants jouent dans le jardin, les uns sur la balançoire, les autres au ballon.
**c)** Chaque jour qui passe nous rapproche du printemps, personne ne s'en plaindra.
**d)** Parmi mes élèves, certains sont absents.
**e)** Il faut réfléchir à tout !
**f)** N'importe qui vous dira qu'il avait raison.
**2.** A vérifier par un adulte.

## PAGE16 Les pronoms interrogatifs

**1.** A vérifier par un adulte.

## PAGES 17 ET 18 Les pronoms relatifs

**1.**

| **Masc. sing.** | **Masc. plur.** | **Fém. Sing.** | **Fém. Plur.** |
|---|---|---|---|
| **lequel** | lesquels | **laquelle** | lesquelles |
| auquel | **auxquels** | à laquelle | **auxquelles** |
| **duquel** | desquels | de laquelle | **desquelles** |

**2.** **a)** L'acident s'est produit sur la route **qui** longe la falaise. **b)** Marion a vu un film **qui** lui a beaucoup plu.
**c)** Le film **dont** je parle est intéressant. **d)** Le livre **auquel** je pense te plaira. **e)** Le texte **que** j'étudie est difficile
**f)** La forêt **où** nous irons nous promener est proche. **g)** Dis-moi ce à **quoi** tu penses.
**h)** La maison **à laquelle** on a ajouté une verrière est ancienne. **i)** Voici la cascade **que** mon père a photographiée.

**3.** **a)** Voici les questions [auxquelles] tu devras t'attendre. **b)** Le plat [que] je mange est excellent.
**c)** J'ai bu de l'eau à la source près [de laquelle] je me suis reposé. **d)** J'admire la maison [qui] est bâtie sur la colline.
**e)** Le pin parasol est un conifère [dont] les graines sont comestibles. **f)** On a démoli le toit sous [lequel] vous vous cachiez.
**g)** Nous avons traversé un champ [où] broutaient quelques vaches.

## PAGES 19 À 22 Les mots de liaison Synthèse

**1.** Mot lien qui unit
- Un groupe
  - **à un verbe** — il joue dans les bois → **préposition**
  - **à un nom** — le jardin de mes voisins → **préposition**
  - **à un groupe de même fonction** — je vois Luc et Jean → **conjonction de coordination**
- une proposition
  - **à un verbe** — je joue quand il fait beau → **conjonction de subordination**
  - **à un nom** — le jardin que j'aime → **pronom relatif**
  - **à une prop. de même fonction** — ... et qui est bien orienté → **conjonction de coordination**

**2.** **a)** Voici un texte dont mon parrain est l'auteur.
**b)** Nous nous réunissons dans le jardin pour jouer.
**c)** Tu ne sais pas si nous irons à la piscine ou au cinéma.
**d)** Je n'ai jamais su quand tu allais venir.
**e)** J'ai travaillé puis je suis parti.

| Prépositions | Pronoms relatifs | Conj. de coord. | Conj. de sub. |
|---|---|---|---|
| Dans, | dont | ou | si, |
| pour | | puis | quand |

**3.** A vérifier par un adulte.
**4.** A vérifier par un adulte.

**5.** **Comparaison:** plus qu' - aussi qu' - moins que - autant que - comme - moins que
**Opposition:** Pourtant - Cependant - mais **Conséquence:** alors - donc **Addition:** et - et - et

## PAGES 23 À 25 Les adverbes

**1.** **Manière:** lentement - brièvement - debout - bravement - mieux - mal - vite **Quantité:** très - aussi - moins - assez - beaucoup - autant **Temps:** hier - longtemps - tôt - avant - déjà - toujours
**Lieu:** partout - dehors - près - autour - derrière - ailleurs
**2.** tôt - beaucoup - près - avant - tard - bien - mieux
**3.** **a)** bas - exemple de réponse: vite **b)** clair - exemple de réponse: bien
**c)** ferme - exemple de réponse: souvent **d)** rouge - exemple de réponse: mal
**e)** mauvais - exemple de réponse: énormément
**4.** ardent - bruyant - molle - prudent - abondant - sotte - triste - nette
**5.** récemment - sournoisement - impatiemment - constamment - méchamment - rarement - plaisamment - bêtement

## PAGES 26 À 28 Le groupe nominal

1. a) Les spécialistes (de l'armée) ont désamorcé la bombe (qui avait été placée sous le pont).
G.N. — compl. du nom ; G.N. — prop. enchâssée relative

b) Le boucher avertit son aimable clientèle de son départ (en vacances).
G.N. ; G.N. — épithète ; compl. du nom

c) La petite fille (des voisins) a apporté un énorme bouquet (de fleurs).
G.N. — épithète, compl. du nom ; G.N. — épithète, compl. du nom

2. A vérifier par un adulte.

3. a) Les victoires de **Jules César**.
b) Une porte en **chêne**.
c) Le vent glacial de **l'hiver**.
d) Une brouette pleine de **sable**.
e) Paul est inquiet pour son **avenir**.
f) Un plat de **pâtes**.

complément du nom

complément de l'adjectif

4. a) Un sac qui contient des pommes de terre.
b) Les sports qui se pratiquent en hiver.
c) Un couteau qui coupe le fromage.

5. a) Une montre automatique est une montre qui fonctionne toute seule.
b) Une personne mélancolique est une personne qui éprouve de la tristesse.
c) Une eau ferrugineuse est une eau qui contient du fer.
d) Une personne taciturne est une personne qui ne parle pas beaucoup.

6. A vérifier par un adulte.

## PAGES 29 ET 30 Participe présent - Adjectif verbal

1. a) J'attends la liaison arrivant de Bruxelles. b) Il écoute sa grand-mère racontant une histoire.
c) Michel préfère les bonbons fondant dans la bouche.

2. a) Terminant ses devoirs, il se préparait à partir. b) Craignant de ne pas réussir, elle révisait tous les jours.
c) Connaissant son caractère, je pense qu'il arrivera tôt. d) Tombant depuis trois jours, la pluie faisait des ravages.

3. a) Recevant une décoration, il a été félicité par le jury. (Participe présent) b) On apprend énormément en lisant. (Participe présent)
c) L'exercice suivant est particulièrement difficile. (Adjectif verbal) d) J'ai vu un chien errant dans la rue. (Adjectif verbal ou part. prés.)
e) Il a retrouvé son chemin en se servant de son orientation. (Participe présent)

4. a) Les avions ont suivi une trajectoire survol**ant** les champs.
b) Dress**ant** les oreilles, le loup allait se jeter sur nous.
c) Les deux femmes se pressaient en rallum**ant** les flammes mour**antes**.
d) Atteign**ant** le sommet, l'alpiniste laissa éclater sa joie.
e) Le conducteur fit un écart en voul**ant** éviter le chien.

5. a) L'automobiliste est allé à toute vitesse ; il a dérapé sur la neige.
b) Des élèves ont obéi à leur instituteur ; ils se sont tus.
c) Il a cru qu'il réussirait ; il n'a pas étudié.

# Grammaire : Les fonctions

## PAGES 31 ET 32 Le groupe sujet

1. a) [Plusieurs personnes] pensent déménager cette année. b) [Adrienne, son frère et leur cousin] arrivent demain. c) [Courir le cent mètre] m'a épuisé. d) [Tout] va mal ! e) [Celui-ci] me convient très bien. f) [Le chapeau de paille de la dame] me cache la vue.

2. a) Exemple de réponse : Je (il, elle) b) Exemple de réponse : Marie c) Exemple de réponse : Mes parents d) Exemple de réponse : Fumer e) Exemple de réponse : Pierrette et son amie f) Exemple de réponse : cinquante-trois vaches g) tu h) Exemple de réponse : Napoléon
i) vous j) Exemple de réponse : dix moineaux et quarante hirondelles

## PAGE 33 Le groupe du verbe

**1.** Mon oncle aime sa voiture. Tous les samedis matin, après la lecture de son journal, il la sort et la gare devant la maison comme s'il s'agissait d'un trophée.
Manifestement, il se prépare à lui faire subir un grand nettoyage. Il lisse sa longue moustache et répète le même mot : « Inutile ! » Mon oncle aime bien sa voiture, mais il préfère sa paresse.

## PAGES 34 À 36 Les compléments directs et indirects

**1.** (en bleu, **en vert**) **a)** La femme enfila rapidement ses gants noirs. **b)** Elle héla une voiture verte et dit **au conducteur** : « Nous allons **au poste de police**. » **c)** Quelques instants plus tard, elle tendit **à l'homme** un bout de papier. **d)** Sans se soucier d'elle, il prit le papier et s'adressa **à l'agent** qui approchait. **e)** L'homme dit **à l'agent** : « Je **vous** apporte la preuve de mon innocence. »

**2.** A vérifier par un adulte.

**3.** A vérifier par un adulte.

**4.** **a)** Je me souviens qu'il parlait toujours de ses parents. (CI) **b)** La cuisinière sale son plat (CD) puis le (CD) goûte rapidement.
**c)** La secrétaire téléphone aux clients de l'usine. (CI) **d)** La météo indique que le temps va changer. (CD)
**e)** Mon voisin aime cueillir ses prunes bien mûres. (CD) **f)** Le gendarme demande à Louis (CI) ses papiers d'identité (CD).

**5.** **a)** Il **leur** a dit qu'il était arrivé à quatre heures. **b)** L'instituteur **lui** a expliqué ce que tu ne comprenais pas.
**c)** Nous **lui** avons dit de partir tôt. **d)** Le contremaître **lui** donne le travail à terminer. **e)** Le maçon **lui** parle tous les matins. **f)** Il **y** pense régulièrement.

**6.** **a)** Nos enseignants en parlent depuis longtemps. **b)** Je leur ai donné un travail à faire. **c)** Ces enfants m'ont apporté un joli bouquet de fleurs. **d)** L'élève lui demande des explications complémentaires.

## PAGE 37 ET 38 Le CD et la forme passive

**1.** **a)** Il y a deux jours, le garagiste a réparé un pneu crevé (C.D.). **Il y a deux jours, un pneu crevé a été réparé par le garagiste.**
**b)** Pendant la tempête, le vent a emporté notre abri de jardin (C.D.). **Notre abri de jardin a été emporté par le vent pendant la tempête.**
**c)** Le facteur apporte le courrier (C.D.) tous les jours avant deux heures. **Le courrier est apporté par le facteur tous les jours avant deux heures.**
**d)** Ce matin, notre chien a encore poursuivi le chat de la voisine (C.D.). **Ce matin, le chat de la voisine a encore été poursuivi par notre chien.**

**2.** **a)** Un énorme tracteur a démoli notre façade (C.D.). **b)** Ce technicien avait réparé ta télévision (C.D.).
**c)** Un ami de mon frère entretient sa moto (C.D.).

**3.** **a)** Cette dame pâlit : **impossible** **b)** Ce bruit assourdissant a surpris **Tom (par exemple)** **c)** Cette nuit, elle dormira : **impossible** **d)** De son jardin, il apercevait **la mer (par exemple)** **e)** Les abeilles produisent **du miel (par exemple)**

**4.** **a)** A l'orée du bois, il **l'** a vu [un lièvre [qui détallait à toute allure.]] (C.D. ; G.N. → prop. enchâssée relative)
**b)** Hier après-midi, nous **l'** avons visité [le musée [de l'aviation.]] (C.D. ; groupe nominal (compl. du nom))
**c)** Je l'ai bien cru [qu'il allait tomber.] (C.D. ; prop. enchâssée relative)

## PAGES 39 À 41 Les compléments de phrase

**1.** **a)** L'inspecteur habitait la banlieue nord de la ville. **b)** Il s'était endormi sur sa chaise.
**c)** À minuit pile, la sonnerie du téléphone retentit. **d)** Il sursauta à cause du bruit strident.
**e)** Il décrocha l'appareil maladroitement. **f)** Atterré, il déposa le combiné sur une pile de dossiers ouverts. **g)** Le suspect mesurait un mètre quatre-vingts. Il s'était enfui en voiture.
**h)** L'inspecteur regarda le plafond d'un air rêveur. **i)** Quelques minutes plus tard, il était sorti.

2. A vérifier par un adulte.

3. a) Dès le printemps (C.C.T.), le jardinier bêche son potager (C.O.D.) au fond du jardin (C.C.L.) pour pouvoir planter dès que possible (C.C. but).

b) Il mange avec une fourchette (C.C. moyen) depuis peu de temps (C.C.T.).

c) Il est poursuivi par la police (C. Agent) pour ses menus larcins (C.C.Cause.).

d) En hiver (C.C.T.), elles se regroupent autour de la reine (C.C.L.) et tremblent en faisant vibrer leurs muscles (C.C.Moyen).

e) Après les violentes rafales de vent (C.C.T.), le couvreur est monté sur le toit de la maison (C.C.L.) à l'aide de sa plus haute échelle (C.C.Moyen) pour remettre les tuiles en place (C.C.But).

4. a) Nous rentrerons samedi → **nom commun** b) Tu as joué dans le jardin du voisin → **groupe nominal**
c) Je me cache pour manger → **verbe** d) Le car se dirigeait sur eux → **pronom**
e) Il parle lentement → **adverbe** f) Lorsque l'orage arrive, nous coupons la télévision → **proposition**

### PAGES 42 À 44 Epithète ou attribut ?

1. courir - manger - danser

2. a) passé composé b) attribut c) attribut d) attribut e) passé composé

3.

| | Attribut | Pas d'attribut |
|---|---|---|
| a) Le club du village paraît imposant. | x | |
| b) Le club du village paraît au bout de la rue. | | x |
| c) Mon voisin se rend chaque jour à Lille. | | x |
| d) Mon voisin se rend curieux envers ses amis. | x | |
| e) L'enfant fiévreux reste dans sa chambre. | | x |
| f) L'enfant paraît fiévreux. | x | |

4. A vérifier par un adulte.

5. a) Ce jardin (G.S.) semblait (v. d'état) une véritable forêt vierge. (att. du sujet)

b) Ce jeune cerf qui dévorait mes salades (G.S.) paraîssait (v. d'état) affamé. (att. du sujet)

c) Durant le mois d'août (C.C.T.), le ciel (G.S.) demeura (v. d'état) nuageux. (att. du sujet)

6. a) Cette demeure est (ancienne). : **Cette demeure l'est**. b) Ce vélo est (le mien).: **Ce vélo l'est**. c) Sur le seuil, l'homme était (immobile).: **Sur le seuil, l'homme l'était**. d) En hiver, les jours sont courts. : **En hiver, les jours le sont**. e) Comme il est méchant, le chien du voisin ! : **Comme il l'est, le chien du voisin** !

7. A vérifier par un adulte.

8. a) Nous ne le verrons plus avant plusieurs années. b) Le dentiste l' a examiné avec attention. c) Paris l' est depuis des siècles. d) Vous ne le seriez pas sans votre travail. e) Marc l' était depuis des lustres.
f) La moto de mon voisin y était.

## Grammaire : La phrase

### PAGES 45 ET 46 Phrase verbale ou non verbale.

1. a) Ne stationnez pas dans les escaliers. x
b) Passage nuageux dimanche soir.
c) Il faut en finir avec les cartables trop lourds. x
d) Comment ?
e) Maman est sortie acheter du pain. x
f) Sortez dans le couloir. x
g) A terminer !

2. Exemples de réponses : a) La vitesse est limitée à 50 km. b) Il faut faire attention à la marche! c) Les livres usagés sont au sous-sol. d) On ne doit pas nourrir les animaux.
e) Des lapins sont à vendre. f) Il est interdit de fumer.

3. A vérifier par un adulte.

## PAGES 47 À 49 Les quatre types de phrases

1. a) Impérative b) Déclarative c) Déclarative
   d) Exclamative e) Déclarative f) Déclarative
   g) Interrogative h) Exclamative
2. a) Pourquoi faut-il toujours partir si tôt? b) Quand viendras-tu me voir? c) Est-ce que tu pars en voyage? d) Ces grottes ont-elles été creusées par des hommes? e) Comment les oiseaux apprennent-ils à faire leur nid? f) N'auriez-vous pas vu les enfants de madame Meurens?
   g) Le chameau peut-il faire des provisions d'eau dans sa bosse? h) Pourquoi les chiens halètent-ils quand ils ont couru?
3. a) Est-ce que Marc s'avança avec précaution au bord du ravin ?
   Marc s'avança-t-il avec précaution au bord du ravin ?

   b) Qui s'avança avec précaution au bord du ravin ?
   c) Où Marc s'avança-t-il avec précaution ?
   d) Comment Marc s'avança-t-il au bord du ravin ?
4. a) Allez voir une pièce de théâtre amusante! b) Irez-vous voir une pièce de théâtre amusante ?

## PAGES 50 ET 51 Les formes de la phrase : Forme affirmative ou négative

1. a) Je ne regarde plus la télévison. b) Nous ne possédons pas une piscine. c) N'allez jamais à la séance du soir.
   d) Ils n'ont pas de chance.
2.

| Type/Forme | Affirmative | Négative |
|---|---|---|
| déclaratif | Vous allez à la piscine. | Vous n'allez pas à la piscine. |
| Interrogatif | Allez-vous à la piscine ? | N'allez-vous pas à la piscine ? |
| Exclamatif | Vous allez à la piscine ! | Vous n'allez pas à la piscine ! |
| Impératif | Allez à la piscine! | N'allez pas à la piscine! |

3. a) Écoutez-vous le bruit des vagues? Écoutez le bruit des vagues! b) Tu lui récites ton plus long poème. Ne lui récite pas ton plus long poème! c) Tu pars demain. Tu ne pars pas demain!
   d) Allons-nous chercher Sébastien? N'allons pas chercher Sébastien!

## PAGES 52 ET 53 Forme active ou passive

1. a) Sur la route, des cailloux énormes étaient projetés dans tous les sens.
   b) Nous arriverons par le train de sept heures.
   c) Au creux du mur, un lézard avait construit un nid.
   d) Ce matin, les branches des arbres étaient secouées par des rafales de vent.
2. a) Dans le potager, les légumes (G.S.) [sont arrosés] par le jardinier (C. d'agent).
   b) Les déménageurs (G.S.) [introduiront] le piano (C. D.) par la fenêtre.
   c) Les voitures (G.S.) [ont été dégagées] par les dépanneurs (C. d'agent).
   d) Ce soir, [mangerez]-vous (S) un énorme plat de viande (C. D.) ?
3. a) D'un coup sec, un clou est enfoncé par le menuisier. b) Lors de la fête de l'école, les murs étaient décorés de dessins c) La route d'accès à Val-Thorens serait coupée par une avalanche.
4. a) Mes parents confieront la clé de la maison à l'aîné de la famille. b) Les pucerons attaquaient les pommes du verger. c) Hier, un chien a mordu ma soeur.
5. a) Impossible. b) Impossible. c) Dans le salon, un film est regardé par mes parents.

## PAGES 54 ET 55 Forme neutre ou emphatique

1. a) C'est sous la corniche que l'hirondelle a construit son nid . E
   b) Il pleut vraiment trop souvent en Belgique ! N
   c) Pendant les vacances, ils sont partis en Italie. N
   d) C'est dans ce bureau à Bruxelles que Marie travaille. E
   e) Voici la maison dans laquelle nous allons habiter. E

2. a) 1.C'est la bouteille de lait qui se trouve sur l'armoire de la cuisine.
   **ou** Voici la bouteille de lait qui se trouve sur l'armoire de la cuisine.
   2. C'est sur l'armoire de la cuisine que la bouteille de lait se trouve.
   **ou** Voilà l'armoire de la cuisine sur laquelle la bouteille de lait se trouve.
   b) 1. Chaque année, c'est nous qui partons skier dans les Alpes.
   2. C'est chaque année que nous partons skier dans les Alpes.

3. a) Papa a dû remplacer la voiture à cause de la rouille. b) Tu m'as demandé les papiers. c) Cette encyclopédie m'aide beaucoup. d) Le chien nous fait toujours la fête.

4. A vérifier par un adulte.

## PAGES 56 ET 57 Synthèse de la transformation des phrases.

1. **Les types de phrases.**

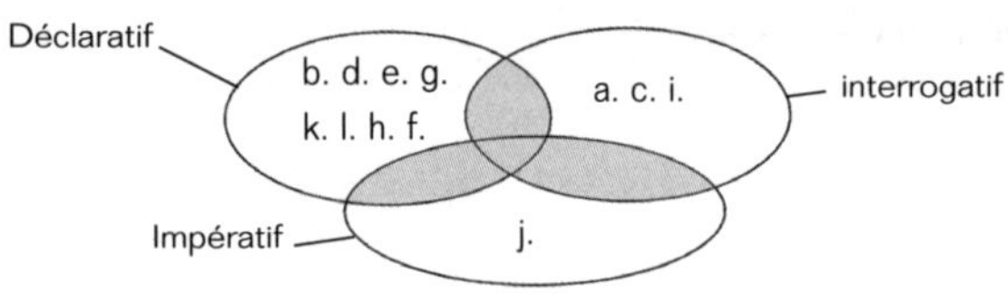


2. **Les formes de la phrase**

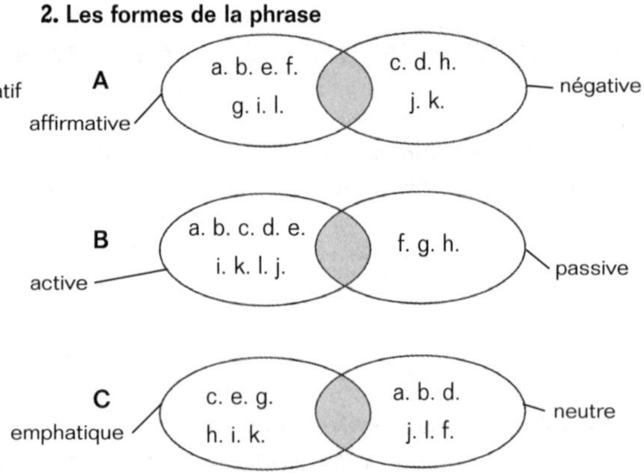


## PAGES 58 ET 59 La phrase complexe Propositions juxtaposées ou coordonnées

1. a) Louis regarde l'heure mais il se rend compte de son retard et il accélère l'allure.
   b) Le vent se lève, soulève la poussière, balaie les feuilles mortes et balance la cime des arbres.
   c) Les élèves entrent en classe, gagnent leur banc, s'installent calmement et sortent leur livre de lecture.

2. a) Il trébuche contre une pierre, perd l'équilibre, se relève aussitôt, frotte ses genoux et repart en marchant.
   b) Vicky aperçoit un paquet sur la table, le prend, l'ouvre et y trouve son cadeau d'anniversaire.

## PAGES 60 ET 61 Les propositions enchâssées

1. a) Nous admirons le jardin dont l'allée du jardin est sinueuse. b) Lucas aperçut un écureuil qui sautait d'arbre en arbre.
   c) La barrière est couverte d'une peinture qui la protègera de la rouille.

2. a) Que les enfants ne comprennent pas arrive souvent.
   proposition sujet
   b) J'aime que les oiseaux chantent dans les arbres.
   proposition C.D.
   c) Mon souhait est que tu réussisses.
   proposition attribut du sujet
   d) La veste dont un bouton est décousu pend au mur.
   proposition complément du nom
   e) On espère que les enfants arrivent.
   proposition C.D.
   f) Quand le chat est parti, les souris dansent.
   proposition c. de temps
   g) Marc a corrigé le texte dans lequel j'avais laissé des erreurs.
   proposition complément du nom
   h) Maman répare la jolie poupée que j'ai reçue de ma tante.
   proposition complément du nom
   i) Le vieux fauteuil dont le pied est abîmé est dans le garage.
   proposition complément du nom

# Conjugaison

## PAGES 62 ET 63 Les verbes

**1.** 1er groupe : « er » 3ème groupe : « oir » « ir » « re »
2ème groupe : « ir » ( issant )

**2.** **a)** Je sortais → **sort/ais** **b)** Nous fournissons → **fourniss/ons** **c)** Tu partiras → **parti/ras**
**d)** Vous lançates → **lanç/âtes** **e)** Elles appelaient → **appel/aient** **f)** Ils partent → **part/ent**

**3.** **a)** Dès les premiers instants, ils se demandent pourquoi ils se sont déplacés si tôt. **b)** Ils se rendent compte qu'ils s'amusent beaucoup. **c)** Vont-ils s'aimer, se séparer ou se marier ?

**4.** **a)** Il est tout rouge. **b)** Le rôti est brûlé : il a une drôle d'odeur. **c)** Je n'ai pas eu le temps de te répondre. **d)** Le temps est passé depuis longtemps.

**5.** Balance (23/09 au 23/10)
La semaine sera dominée par l'alignement de Neptune et de Mercure dans votre signe. Votre disponibilité à changer de registre sera appréciée par votre entourage. Si vous en avez l'occasion, n'hésitez pas à partir en week-end.

**6.** **a)** Nous marchons dans la forêt de bouleaux. **b)** Quels étaient ces bruits qu' il avait entendus ? **c)** Il se précipita dans le bureau de son père. **d)** Quelqu'un avait fouillé tous les tiroirs. **e)** Tu aurais mieux dîné si tu n'avais pas mangé avant. **f)** Il a écouté les consignes bien trop tard.

**7.** **a)** avoir **b)** peser **c)** vouloir **d)** envoyer **e)** s'asseoir **f)** croire **g)** subir **h)** conclure **i)** coudre **j)** craindre

## PAGES 64 ET 65 La concordance des temps

**1.** **a)** Maman **préparera** ② (ind futur simple) le plat qu'on lui **aura demandé** ① (ind futur antérieur).

**b)** Lorsque je **suis parti** ① (ind passé composé), il **neigeait** ② (ind imparfait).

**c)** Je **crois** ② (ind présent) que mes parents **sont revenus** ① (ind passé composé) avant la nuit.

**d)** Les enfants **jouèrent** ② (ind passé simple) dès que la cloche **eut sonné** ① (ind passé antérieur).

**e)** Ils **partaient** ② (ind imparfait) dès qu'ils **avaient fini** ① (ind plus-que-parfait) leurs devoirs.

**2.** le présent : **le passé composé**
l'imparfait : **le passé composé, le plus-que-parfait**
le futur simple : **le futur antérieur**
le passé simple : **le passé antérieur**

**3.** **a)** Sitôt que tu te seras couché, tu éteindras. **b)** Lorsque je suis sorti, il avait plu. **c)** Hier, dès que tu eus achevé tes devoirs, tu étudias tes leçons. **d)** Je jouais avec un jeu que mon grand-père m'avait offert. **e)** Je pense que mes parents seront revenus quand la tempête se déchaînera. **f)** Dès que je fus revenu, mon chien me fit la fête. **g)** Dès que le jour se fut levé, le coq chanta. **h)** L'oiseau déposera des oeufs dans le nid qu'il aura construit. **i)** Lorsqu' il a bêché le potager, papa y sème des graines. **j)** Si elle pouvait voler, elle décrocherait la lune.

## PAGES 66 À 68 Les temps simples

**1.** Je prendre → **je prends**
peindre → **je peins**
mettre → **je mets**
jeter → **je jette**

Tu apercevoir → **tu aperçois**
mourir → **tu meurs**
promettre → **tu promets**
vouloir → **tu veux**

Elle prendre → **elle prend**
prévoir → **elle prévoit**
pouvoir → **elle peut**
achever → **elle achève**

Nous ranger → **nous rangeons**
finir → **nous finissons**
avancer → **nous avançons**
appeler → **nous appelons**

Vous faire → **vous faites**
appuyer → **vous appuyez**
relire → **vous relisez**
dire → **vous dites**

Ils défaire → **ils défont**
connaître → **ils connaissent**
parvenir → **ils parviennent**
admettre → **ils admettent**

On mentir → **on ment**
résoudre → **on résout**
admettre → **on admet**
vouloir → **on veut**

2. **a)** pincer : je pinçais **b)** placer : elles plaçaient **c)** finir : tu finissais **d)** croire : vous croyiez **e)** peindre : tu peignais **f)** boire : je buvais **g)** remercier : vous remerciiez **h)** envoyer : nous envoyions **i)** éteindre : nous éteignions **j)** dissoudre : elles dissolvaient **k)** joindre : tu joignais **l)** craindre : ils craignaient

3. **a)** remercier : je remercierai **b)** apercevoir : nous apercevrons **c)** être : vous serez **d)** céder : il cédera **e)** vouloir : je voudrai **f)** aller : nous irons **g)** ennuyer : tu ennuieras **h)** voir : ils verront **i)** acheter : il achètera **j)** savoir : tu sauras **k)** offrir : vous offrirez **l)** rejeter : ils rejetteront

4. **a)** Si tu y allais, nous pourrions nous voir. **b)** Il prétendit qu'il courrait plus vite que moi. **c)** Ma plaie guérirait plus vite si j'arrêtais de la gratter. **d)** Si elle pouvait voler, elle décrocherait la lune. **e)** Si elle se présentait, nous saisirions l'occasion. **f)** Si j'étais un peu moins gêné, j' aboierais de joie. **g)** Il savait que nous l' appellerions dès notre retour.

5. **a)** je dansai **b)** ils envoyèrent **c)** nous lûmes **d)** vous sûtes **e)** il s'assit **f)** tu crus **g)** j'attendis **h)** elle dut **i)** ils connurent **j)** nous vîmes **k)** elles plongèrent **l)** vous partîtes

6. **a)** elle vienne **b)** vous receviez **c)** ils battent **d)** nous ayons **e)** je voie **f)** vous puissiez **g)** elles soient **h)** tu ailles **i)** il craigne **j)** je veuille **k)** vous fuyiez **l)** nous mûrissions

7. **a)** dis **b)** cuisons **c)** soyez **d)** sachez **e)** ayons **f)** pars

## PAGE 69 Les temps composés

1. **a)** Marc a marché toute la journée.
   **b)** Quand il eut visité cette caserne, il s'en alla.
   **c)** Elle ira jouer quand elle aura terminé ses devoirs.
   **d)** Nous avions éteint le feu.
   **e)** Elles sont parties tout de suite.
   **f)** Il a convaincu toute sa classe.
   **g)** Ils se rappelaient que nous étions allés le voir en Italie.

## PAGE 70 Un peu de tout

1. **a)** indicatif présent **b)** indicatif passé composé **c)** conditionnel présent **d)** impératif présent **e)** indicatif futur simple **f)** indicatif imparfait **g)** indicatif passé simple **h)** subjonctif présent **i)** indicatif passé composé

2. **1.** rendirent **2.** isolerais **3.** restreins **4.** impriment **5.** arriverai **6.** ondoies **7.** tire **8.** arrive **9.** saisit